A FELICIDADE
ESTÁ AO SEU LADO

Michel Serres
e Michel Polacco

A FELICIDADE
ESTÁ AO SEU LADO

Tradução de Gustavo de Azambuja Feix

Texto de acordo com a nova ortografia.
Título original: *Du bonheur, aujourd'hui*

Tradução: Gustavo de Azambuja Feix
Capa: Ivan Pinheiro Machado. *Ilustração*: iStock
Preparação: Jó Saldanha
Revisão: Simone Diefenbach

CIP-Brasil. Catalogação na publicação
Sindicato Nacional dos Editores de Livros, RJ.

S51f

Serres, Michel, 1930-
    A felicidade está ao seu lado / Michel Serres, Michel Polacco; tradução Gustavo de Azambuja Feix. – 1. ed. – Porto Alegre, RS: L&PM, 2017.
120 p. ; 21 cm.

Tradução de: *Du bonheur, aujourd'hui*
ISBN 978-85-254-3672-6

    1. Crônica francesa. I. Polacco, Michel. II. Feix, Gustavo de Azambuja. III. Título.

17-44049   CDD: 848
                       CDU: 821.133.1-94

© Éditions Le Pommier, 2015

Todos os direitos desta edição reservados a L&PM Editores
Rua Comendador Coruja, 314, loja 9 – Floresta – 90.220-180
Porto Alegre – RS – Brasil / Fone: 51.3225.5777 – Fax: 51.3221.5380

Pedidos & Depto. Comercial: vendas@lpm.com.br
Fale conosco: info@lpm.com.br
www.lpm.com.br

Impresso no Brasil
Primavera de 2017

Eu não fazia ideia de que tinha falado de felicidade. Para que eu descobrisse, foi preciso que minhas duas editoras me convencessem, faca delicadamente contra a garganta, a publicar alguns excertos que elas escolheram sobre o tema, extraídos das crônicas que foram ao ar no nosso programa de rádio na France Info aos domingos. Na verdade, eu teria preferido a publicação das obras completas... Seja como for, agradeço demais a elas por esta descoberta: eu não sabia que era tão feliz.

Ficaria ainda mais se o leitor também descobrisse, durante a leitura e para a própria surpresa, que compartilha da minha felicidade.

Michel Serres

Sumário

As idades da vida 9
A árvore 13
A arte 17
A felicidade 21
Feliz Ano-Novo 27
A bondade 31
Doação 35
Esperança e fé 41
A fraqueza 45
A geografia 51
A gourmandise 55
O invisível 61
A noite 65
A paz 69
A filosofia 73
A poesia 77
O primeiro a aparecer 83
O riso 87
A saúde 91
Tátil 95
A utopia 101
O vinho 107
A voz 111

Sobre os autores 115

As idades da vida

– Sempre falamos da idade em nossas conversas: "Então, já está com quantos anos essa criança?", "Ele é muito avançado para a idade!", "Ela não aparenta a idade que tem..." – aliás, você também não, Michel, diga-se de passagem! – "Ela dirige com essa idade!", esse também é o caso da minha mãe, que tem 94 anos... Falamos também do amor na terceira idade, da forma física relacionada com a idade e assim por diante. Michel, proponho que você considere a existência de três idades: a idade legal, a idade fisiológica ou biológica e a idade social. Você concorda?*

– É verdade que existe a idade do registro civil, a da saúde e a profissional. A maioria das pessoas acaba lutando contra o envelhecimento. Sobre isso, gostaria de começar rindo...

– Fique à vontade!

– ...dos fabricantes de cosméticos. Você pode comprar uma loção, um creme ou uma pomada "anti-idade". Pois bem, em inglês *to age* significa "envelhecer", e não "ter esta ou aquela idade". Nós não lutamos contra a idade, mas contra o envelhecimento! Eu tinha uma amiga norte-americana que, se embaralhando

---

* Em itálico está a participação de Michel Polacco, que é o âncora do programa. (N.E.)

com o inglês e o francês, dizia: "Eu não tenho medo de 'agir'"... Outro contrassenso, invertido. Além das três idades que mencionamos, eu gostaria de falar da idade mental, a idade intelectual, a idade – por assim dizer – cultural. Quando alguém consulta um médico, na maioria das vezes ele recomenda ao paciente se movimentar, caminhar, correr... E com toda razão, porque para lutar contra o envelhecimento nada melhor do que ginástica e exercício físico. Só que eu nunca ouvi um médico receitar exercício mental.

Manter o cérebro ativo: esse é provavelmente o segredo da juventude.

– *Não é?!*
– Pois é. E perder neurônios é muito mais grave do que perder tecido muscular. Por isso, gostaria de aconselhar os ouvintes a lerem todos os dias uma página mais difícil do que a do dia anterior. Isso é mais rejuvenescedor do que o exercício físico, e mais ainda do que o creme "anti-idade", que é inútil.
– *Ler, escrever e manter o cérebro ativo, assim como a memória.*
– Manter o cérebro ativo: esse é provavelmente o segredo da juventude. Também é preciso dizer que o aumento da expectativa de vida alterou as faixas etárias. Só que eu gostaria de falar de outra maneira sobre a idade. Como contar o tempo? Como você sabe, nos relógios há um pêndulo que vai de um lado para o outro...

– *Tique-taque.*
– É isso que conta o tempo. O pêndulo de um metro de comprimento que conta os segundos está precisamente na base do sistema métrico. Mas proponho construir outro pêndulo: não um pêndulo que vai da esquerda para a direita, mas um pêndulo que se torce, um pêndulo de torção. Damos impulso, o fio se torce em uma direção. Você solta...
– *Ele parte em outra direção.*
– Ele ultrapassa o equilíbrio e volta para o outro sentido.
– *Uma espécie de movimento perpétuo.*
– Não, porque o movimento vai parar... Em uma direção, você sai do ventre de sua mãe para entrar no ventre da Terra. E, na outra direção, você sai do ventre da Terra para entrar no ventre de sua mãe. Acho que podemos medir esta idade: a idade do rejuvenescimento. Porque podemos avaliar como somos velhos quando somos jovens: sofremos a provação do nascimento, a provação do desmame, dos diversos abandonos, somos sufocados pelas neuroses dos pais, pela adaptação aos amigos, temos medo de deixar a infância para trás. Quando chegamos à vida adulta, temos medo da necessidade de vencer, das disputas acirradas, dos cinismos do patrão, dos conflitos de relacionamento etc. E, à medida que envelhecemos, nos livramos de todas essas responsabilidades, tudo isso se ameniza, tudo se acalma aos poucos. As pretensões que tínhamos foram realizadas, e, se não foram, nos esquecemos delas. A carreira é uma página completamente virada.

– *Os medos desaparecem.*
– Temos menos inimigos, causamos menos inveja. No balanço, temos muito mais ganhos no lado moral do que perdas no lado físico. Por isso, eu nunca vou dizer que a juventude é a melhor fase da vida.
– *Agora entendo o que quis dizer.*
– A pior doença do envelhecimento é provavelmente o rancor. Queríamos algo, não alcançamos, ficamos cheios de rancor. E deixar o rancor para trás é, sem mais nem menos, ganhar saúde, isto é, ganhar juventude. Pessoalmente, encaro a vida – as três idades: juventude, vida adulta, velhice – como um rejuvenescimento perpétuo. Desde que, é claro, seja realizado o exercício diário de inteligência que mencionei agora há pouco. Assim, o envelhecimento causará alegria, que provocará risos, e rir é juventude. O humor provoca o riso, e a inteligência provoca o humor. Acredito que a prescrição que acabo de fazer é o melhor creme anti-idade.

Crônica de 7 de fevereiro de 2010

A ÁRVORE

– *A árvore é uma amiga. É o poleiro dos pássaros, a sombra do homem do campo e do pedestre. É também uma ferramenta política, já que políticos plantam mudas nas cidades para substituir aquelas que outros políticos arrancaram. Há também as árvores plantadas em memória, em tributo, ao pé das quais são colocadas flores. Isso nos leva aos jardineiros e aos lenhadores, que preservam a floresta, mas que cortam as árvores...*
– Os animais correm, o que aliás é a definição deles. O que é um animal? É um ser que corre. Por que corre? Por duas razões: para se alimentar e para capturar sua presa ou, em sentido contrário, para não ser comido e para não ser capturado por um predador. Mas há uma terceira razão, igualmente interessante: os animais também correm para se afastar o máximo possível de seus excrementos.
– *Do cheiro.*
– Já as plantas e as árvores não podem correr. E apesar disso precisam de presas para se alimentar e precisam escapar de seus predadores. Então, como elas fazem? Elas inventam a química. Elas inventam perfumes para atrair suas presas e venenos para se defender dos seus predadores. Quem opõe a química à natureza deveria refletir sobre botânica.

– *A mais maravilhosa das ciências...*
– Ainda assim, por vezes, os animais precisam parar. Os animais... que somos nós. Nós corremos como animais, mas às vezes temos necessidade de parar. Para dormir, para acariciar nossa fêmea, para que a fêmea dê à luz, para que amamente, para que os filhotes sejam protegidos, para que se alimentem etc. O animal busca então um lugar para habitar. Por isso, todos os animais têm um habitat. Para proteção, vamos construir casas, abrigos, quartos. É interessante: a célula do animal tem membranas maleáveis, para que ele possa correr, ao passo que a célula da árvore tem membranas rígidas...

A ÁRVORE É UMA PONTE, UMA LIGAÇÃO ENTRE A TERRA E O CÉU, ENTRE A MATÉRIA E A LUZ, ENTRE A ESCURIDÃO E O SOL...

– *Para proteção. A casca.*
– Consequentemente, vamos construir casas que cada vez mais vão se assemelhar às árvores: que vão se elevar na vertical como troncos e que vão se estender na horizontal como andares. Nossos ancestrais moravam nas árvores, eram arborícolas. Um pouco como os hominoides ou os primatas. Mas isso continua assim! De certa forma, habitando, habitamos nas árvores. Se eu tivesse que dar algum conselho a um arquiteto diria para ele refletir sobre o que é uma árvore. O que é uma árvore? Eu acredito que é uma ponte, uma ligação entre a terra e o céu, entre a matéria e a luz, entre a escuridão

e o sol... No fundo, é uma ponte entre todos os elementos, entre a terra, a água, o ar e o fogo, isto é, a luz. E, de fato, raízes subterrâneas se alimentam de água e sais minerais, ao passo que os painéis solares, que são chamados de folhas, têm um rendimento extraordinário e se alimentam de sol. Para dar um exemplo, você sabia que as folhas de árvores comuns cobririam sem dificuldade um campo de rúgbi, um campo de futebol – às vezes, hectares?!

– *Realmente incrível.*

– Dizemos que as árvores não se movimentam, mas se nós as filmássemos em câmera rápida veríamos que as raízes avançam a toda a velocidade, que os troncos sobem a toda a velocidade, que as árvores crescem bem depressa. Você tem razão ao dizer que, uma vez que entendemos que a árvore é uma ponte extraordinária entre todos os elementos, ela se torna um exemplo. E um símbolo. Na verdade, se quisermos nos lembrar de nossos antepassados, devemos traçar a árvore genealógica. Não só da família, mas de todos os seres vivos. Quando fazemos a classificação dos seres vivos, somos obrigados a desenhar uma árvore, como se a árvore fosse justamente o ser vivo entre os seres vivos...

– *O tronco, as ramificações...*

– É a própria imagem da vida. A botânica, neste caso, se torna uma ciência extraordinária. Você também disse que era uma árvore mística. Por acaso se lembra do profeta chamado Booz, que dormia nos campos?

– *"Booz adormecido". Claro!*

– "Tal qual Jacó dormiu, como Judite, outrora,
sob as folhas Booz jazia. De repente,
sobre a sua cabeça abriu o céu, a essa hora;
e eis que um sonho baixou, então, à sua frente.
E esse sonho foi tal, que um carvalho gigante
viu Booz do seu ventre erguer-se – e o azul tocava.
Por ele ia uma raça, a escalá-lo, anelante:
cantava embaixo um rei, no alto um deus expirava."*

– *Victor Hugo*.

– Essa árvore, como você deve ter reconhecido, é a árvore de Jessé, a árvore da genealogia cristã.

– *É um poema lindíssimo*.

– Eu sempre digo aos meus alunos: se você quer produzir, se quer ser inteligente, se torne uma árvore. Mergulhe suas raízes nas profundezas da terra, no solo, sem se preocupar em sujar as mãos, e se eleve para o alto na claridade, tomando o cuidado para não prejudicar os outros, desenvolva os galhos em todas as direções, dentro do espaço possível, e acolha as pegas, os chapins, os rouxinóis para espalhar aos arredores da sua sombra o máximo de música possível. A árvore é um instrumento musical feito de milhares de pássaros...

Crônica de 29 de junho de 2014

---

* Tradução de Eduardo Guimarães (1892-1928). *In*: TEIXEIRA, Múcio (Org.) *Hugonianas*: poesias de Victor Hugo traduzidas por poetas brasileiros. Rio de Janeiro: ABL, 2003. "Comme dormait Jacob, comme dormait Judith,/ Booz, les yeux fermés, gisait sous la feuillée./ Or la porte du ciel s'étant entrebâillée,/ Au-dessus de sa tête, un songe en descendit./ Et ce songe était tel que Booz vit un chêne,/ Qui, sorti de son ventre, allait jusqu'au ciel bleu,/ Une race y montait comme une longue chaîne,/ Un roi chantait en bas. En haut mourait un Dieu." (N.T.)

A ARTE

– A arte com "A" maiúsculo ou com "a" minúsculo está em toda parte e ocupa nosso tempo livre, como nossa sede de saber. A arte, que o homem de Lascaux* soube mostrar tão bem como consubstancial à civilização humana...

– Você faz bem ao colocar a questão nesse nível de profundidade. Se trata mesmo de civilização, de hominização, já que você está se referindo a um possível nascimento da arte nas cavernas de Lascaux. Eu gostaria de partir de uma experiência concreta e banal do grupo humano. Se você for a um festival de música, naturalmente vai ouvir música, mas também muito barulho. Se você estiver no meio da multidão na inauguração do Museu do Quai Branly, vai ouvir muito barulho. A multidão faz barulho. A cidade faz barulho. O grupo sempre faz barulho. É uma barulheira sem fim. Ouvimos alaridos, e buzinas, e às vezes tambores, baterias. Ouvimos motores e rádios gritando nos carros que passam... O trabalho faz barulho, os artesãos, os ferreiros fazem barulho...

– ...os escultores...

---

* Lascaux é um conjunto de cavernas, ao sudoeste da França, famoso por suas pinturas rupestres. (N.E.)

– Para piorar: as brigas, as disputas, os conflitos, as oposições fazem barulho. Poderíamos chamar isso de "o som e a fúria" dos grupos humanos. O barulho faz com que a gente não se ouça. A fúria também faz com que a gente não se ouça, mas de outra maneira: passamos a ser opositores ou inimigos. É algo assustador. O barulho impede a compreensão, e a fúria leva à angústia. Vamos imaginar que nós dois estamos não neste estúdio projetado para o silêncio, mas no meio da multidão, de um grupo, de uma cidade, em meio a esses barulhos: como vamos poder nos entender? Para isso, você vai fazer gestos. Eu vou responder com gestos. Vamos fazer um tipo de mímica. Vamos chegar a um acordo com gestos, porque não nos escutamos. As pessoas vão se virar, vão ver pessoas que fazem gestos e vão comentar: "Veja, que curioso! Eles estão fazendo uma espécie de pantomima". "Pantomima", vamos guardar a palavra. Então, se fizermos muita pantomima, as pessoas vão achar que estamos dançando, já que vamos encadear gestos desse tipo. Então, as pessoas vão se virar e, como em um espetáculo, vão aos poucos ficar em silêncio, fazer menos barulho. Então seremos capazes de ouvir a música, uma polifonia, cantos, um canto coral.

– *Não será mais barulho...*

– A música lustra o barulho. O gesto vence o barulho. Em seguida, o canto pode vencer o barulho. E, se eu canto com a música, as palavras vêm à tona. Do barulho nasce o gesto, do gesto nasce o canto, do canto nascem as palavras. De repente, as pessoas vão nos ouvir. Isso vai dar lugar, por exemplo, à tragédia, à comédia... Então, vamos contar histórias. Aos poucos, a história vai emergir e vai vencer esse alvoroço, esse caos, esse tumulto. Agora vou contar essa história quase natural com nomes próprios extraordinários.

AS ARTES CONSTROEM A INFRAESTRUTURA DA SOCIEDADE, O QUE CRIA A OPORTUNIDADE DE CONVIVÊNCIA, DE SE VIVER EM PAZ.

– *Continuo esperando a escultura, a pintura, outras artes que você não citou...*
– Vão chegar. Porque eu acabo de contar a história das nove musas. Há uma musa da pantomima, outra do canto coral. E Terpsícore, a musa da Dança. Em seguida, a da Tragédia. A musa da Comédia e assim por diante. Aparece enfim a musa da História. A fala triunfa então, o discurso político. Mas isso acabou de me ocorrer! Você me disse: "Eu visitei o Museu Cézanne", "Eu visitei o Museu do Quai Branly", "Eu fui, ou meus filhos foram, a um festival de música"... De onde é que vêm estas palavras, "museu", "música"? Há uma lembrança da língua. Se trata simplesmente das nove musas, já que são manifestações da arte. Voltando ao barulho: temos medo dele. Nós não escutamos uns aos outros em grupo. Temos medo das brigas, dos conflitos etc. No fundo, o que é o grupo?
– *A arte nos reúne?*

– Tenho vontade de dizer que vivemos desconfortáveis, em espinhos. Nos espinhos do barulho, nas pontas afiadas do caos. A arte tem a função de atenuar essas pontas. De amaciar o que é duro. Intimamente, a arte é a fundadora da sociedade, a construtora da política. Não só ouvimos uns aos outros agora, mas temos a possibilidade de viver em paz. A música, isto é, as nove musas, isto é, todas as belas-artes, acalma os costumes na medida em que humaniza progressivamente o desconforto e o terror que o barulho incita em nós.

– *A arte às vezes não é violenta...?*

– É mais suave do que o barulho duro que causa medo no grupo. O som e a fúria. Uma a uma, com paciência, as artes constroem a infraestrutura da sociedade, o que cria a comunidade, o que cria a oportunidade de convivência, de se ouvir e viver em paz. A guerra de todos contra todos ou a paz pela beleza das musas!

Crônica de 25 de junho de 2006

A FELICIDADE

– *Michel, o que é felicidade? Sem dúvida é muito subjetivo...*
– Vou começar com uma historinha. Certo dia, ao ser convidado por uma rádio para comentar os fatos da semana, eu falei sobre o pôr do sol, um entardecer de outono diante do Château de Vincennes. O poente apresentava uma mistura de cores bordô, violeta, rosa e, no fim, vermelho-desbotado. Acontece que ninguém contemplava esse milagre, nem no chão nem no céu.
– *Ninguém prestava atenção...*
– As pessoas que tiravam fotos da torre estavam cegas para o pôr do sol... Eu prossegui com os comentários: na segunda-feira, ao pegar o trem, observei os olhos de uma criança extasiada que acompanhava sua mãe. Na terça-feira... e continuei citando coisas semelhantes: o que, na vida diária, preenche a maior parte dos dias. Os pequenos milagres que trazem tanta felicidade. Os jornalistas, que deviam debater os fatos que eu tinha escolhido, exasperados porque eu não falava do que chamam de "atualidade", me pediram para parar. Aparentemente, eu estava falando sobre coisas que não tinham importância. É claro que nunca mais voltei a ser convidado para aquele programa.

– *Não era nesta rádio!...*
– A felicidade pode então nascer o tempo todo à nossa volta, basta olhar para as coisas que estão no mundo. Ao contemplar o riso das crianças, o beijo dos namorados, o sorriso dos idosos, o momento em que um tímido deixa o acanhamento de lado e fala, e até mesmo ao ouvir as pessoas criativas, que têm coisas novas para contar. Ninguém nunca dá ouvidos às pessoas criativas!...

A JUVENTUDE É UMA FASE BASTANTE TRISTE, E, SE NÃO TEMOS RECORDAÇÕES DA INFÂNCIA, SIGNIFICA QUE FOMOS FELIZES.

– *A felicidade dos outros...*
– Só que nós não gostamos de falar sobre isso, pois parece algo inconveniente. E para os jornalistas, de fato, não são "notícias". O que chamam de notícias são assassinatos, catástrofes, mortes, acidentes e coisas assim. Como comentamos em outra ocasião, "morte" é a palavra mais repetida nos meios de comunicação.
– *Você sabe que as boas notícias não vendem...*
– "Nenhuma notícia, boa notícia." E o que chamam de "notícias" só são mesmo dignas de divulgação porque são raras. O que significa que a felicidade é muito mais comum do que a infelicidade, rara, e que a felicidade é diária e que a infelicidade é ocasional! Por quê? Simplesmente porque a felicidade é o esquecimento, porque a paz é o esquecimento, porque a alegria

é o esquecimento. Os povos felizes não têm história, as pessoas felizes não têm história, isto é, memória. A prova é que o chamado "dever de memória" versa sobre os mortos. Porém, há um dever de memória sobre a felicidade. Recentemente, sociólogos publicaram um belo gráfico com a curva de satisfação com a vida, quer dizer, uma curva da felicidade. A curva no gráfico cresce cada vez mais à medida que envelhecemos. Chega a uma espécie de patamar entre quarenta e cinquenta anos. Em seguida, volta a crescer até os 65 anos, auge da satisfação com a vida. Isso demonstra que viver é adquirir cada vez mais capacidade para a alegria e a felicidade, que a juventude é efetivamente uma fase bastante triste e que, se não temos recordações da infância, significa que fomos felizes. A felicidade é o esquecimento... E depois há esta fase extraordinária, aos 65...

– *Mas é assombroso o que você acaba de dizer: nós não vemos nem aproveitamos toda a felicidade que nos preenche?*

– É claro que todo mundo vai desaprovar o que eu disse, já que só se deve falar em público do poder, da concorrência, das catástrofes, da morte e do mal. Apesar disso, vou repetir, mães que dão à luz, crianças que brincam, adolescentes que se divertem juntos, corpos suados que se dedicam a exercícios físicos, amantes que trocam beijos e se preparam para fazer amor, tímidos que deixam o acanhamento e falam, artistas que são iluminados por uma ideia nova, todos que se dedicam a um projeto, todos que sabem contemplar a beleza das coisas que estão no mundo, os idosos que se lembram da duração dos seus dias, todos produzem alegria e são infinitamente mais numerosos do que as raríssimas aves de rapina que tratam da concorrência, da autoridade, do poder e dos assassinatos.

– Eis sua *"Ballade des gens heureux"**...

– Não só isso. Vamos tomar de exemplo os buracos negros que a mídia bombardeia – as catástrofes, os assassinatos, as mortes etc.: tudo indica hoje que temos grande satisfação em passá-los adiante, ouvi-los e, acima de tudo, acreditar que são verdade!

A QUANTIDADE DE ALEGRIA E DE FELICIDADE É INFINITAMENTE SUPERIOR ÀS OCORRÊNCIAS DOS BURACOS NEGROS, DAS CATÁSTROFES E DO MAL.

– *Mas é o público que busca essas informações...*

– Se é ou não o público pouco importa. Falo das pessoas em geral. Todos sentimos satisfação ao ouvir essas catástrofes, completamente cegos ao fato de que o volume de felicidade é muito, muito superior ao volume ocasional de catástrofes. Eu acredito que exista uma espécie de proibição de falar sobre a felicidade. Quanto prazer temos em contemplar catástrofes. É lamentável que isso aumente o nosso capital de alegria!

– *Mas quem proíbe a felicidade? Quem proíbe de falar sobre a felicidade?*

---

* Referência à canção de Gérard Lenorman, "Balada das pessoas felizes". (N.E.)

– Não faço acusações nem denúncias. Não pretendo falar de responsáveis. Digo apenas que o que é notícia tem relação com a infelicidade.

– *Não será genético esse desejo de falar apenas da infelicidade?*

– Tudo o que sei é que, de acordo com uma avaliação objetiva das coisas, a quantidade de alegria e de felicidade é infinitamente superior às ocorrências dos buracos negros, das catástrofes e do mal. Crianças felizes, homens e mulheres felizes!

Crônica de 14 de dezembro de 2008

Feliz Ano-Novo

– *Feliz Ano-Novo, Michel! O que vai nos falar da entrada deste ano?*
– Eu vou cantar uma cantiga: "É uma velha ciranda, velha, velha como o mundo, e que vai do fim do ano até o outro, sem parar".* Você conhece essa velha cantiga?...
– *Nunca ouvi falar.*
– ...que é uma ciranda. O primeiro dia de janeiro volta todos os anos, assim como os equinócios, as estações, os dias de lua cheia... o que prova que nosso tempo é contado de maneira circular. Os dias, os meses, as luas cheias, os solstícios, os equinócios voltam porque a Terra volta a uma determinada posição em certo momento...
– *Em seu próprio ritmo...*
– Existem ritmos naturais, ritmos astronômicos, ritmos físicos, como as fases da lua, as estações do ano, a espiral crescente dos aniversários. Nossa vida é acalentada por esses ritmos naturais, por essas cirandas naturais, que nos balançam e nos fazem seres vivos também rítmicos: o nosso corpo está repleto de relógios, como o batimento cardíaco, a pulsação, a respiração,

---

* Refrão de "La vieille ronde", tradicional cantiga francesa: "Il est une vieille ronde, vieille, vieille comme le monde, et qui va d'un bout de l'an jusqu'à l'autre éternellement". (N.T.)

COMO ESTAMOS REPLETOS DE RELÓGIOS, É MELHOR RESPEITAR O RITMO. SE RESPEITARMOS O RITMO, DA CAMINHADA, DA DANÇA, CONTRIBUÍMOS PARA A SAÚDE.

a necessidade de comer, de dormir, a menstruação das mulheres, a duração da vida do embrião... Cronobiólogos contam esses ritmos, que acontecem não apenas nos órgãos como também nos tecidos, nas células, nas moléculas. Como estamos repletos de relógios, é melhor respeitar o ritmo. Se perdermos o ritmo das refeições, corremos o risco da obesidade; se perdermos o ritmo circadiano da vigília e do sono, como no jet lag de voos de avião, corremos o risco de uma fadiga relativamente pesada. Agora, se respeitarmos o ritmo, da caminhada, da dança, contribuímos para a saúde. Você sabe o que acontece quando um espermatozoide fecunda um óvulo?

– *Uma intensa vibração.*

– Isso mesmo, como se o beijo do príncipe encantado desencadeasse na Bela Adormecida um ritmo, isto é, uma música. Esse ritmo abrange inúmeros animais. No leste dos Estados Unidos, existem cigarras cujo ritmo periódico de reprodução se situa entre os treze e os dezessete anos. A cada dezessete anos, elas saem da terra, os machos encontram as fêmeas, que permanecem, na sequência, três semanas nas árvores, põem ovos e depois voltam para a terra, para dezessete novos anos. Já as aves migratórias têm ritmos de voos. Você sabe que as plantas também têm relógios? Algumas plantas gostam de dias curtos; outras, de dias longos. Por isso, as plantas dos dias curtos – crisântemo, morango, arroz, entre outras – florescem na primavera e no outono, e as plantas dos dias longos – espinafre, alface, entre outras – florescem no verão. O campeão mundial é um bambu japonês que floresce a cada 602 anos! Se você transplantar uma planta de uma latitude para outra, é o seu próprio relógio biológico que vai calcular o tempo para a floração. Agora…

O QUE É A VIDA? É UM PIÃO. E QUANTO MAIS ELA GIRA, MAIS FICA DE PÉ. SE ELA GIRAR DEVAGAR, CAI.

– *Voltemos aos seres humanos!*
– A educação – comentamos na semana passada a respeito dos jogos educativos para o Natal –, a verdadeira educação é a educação ritmada: a preparação é um ritmo; a educação é um ritmo; o aprendizado é um ritmo, quer se trate de matemática ou das fábulas de La Fontaine. Acredito que esse andamento, essa ciranda, essa música nos forma, nos educa e provavelmente nos protege. O que é a vida, Michel Polacco? É um pião.
– *Ela se mantém de pé quando gira em certo ritmo.*
– E quanto mais ela gira, mais fica de pé. Se ela girar devagar, cai. Nós envelhecemos, ficamos cansados, estamos sujeitos ao desgaste, à entropia e nos projetamos para a morte. Para que a gente se proteja

contra esse envelhecimento, contra essa morte, contra esse desgaste, contra esse cansaço, só existe o ritmo, isto é, caminhar, correr, treinar, empregar o tempo, o que imita os ritmos naturais astronômicos, vivos, os ritmos biológicos e o ritmo da cultura e da educação. Os ritmos cíclicos nos impedem de cair. Por isso, feliz Ano-Novo, e que este ano novo dure o máximo possível, de acordo com o ritmo dos doze meses. Que seja um ótimo pião!

Crônica de 1º de janeiro de 2012

A BONDADE

— A bondade é um substantivo feminino, o que poderia nos levar a pensar que ela é sobretudo privilégio das mulheres: você vai nos dar a sua opinião, Michel. A bondade é um comportamento, é altruísmo, uma inclinação à gentileza, ao perdão. Todos precisamos da bondade dos outros, e as filosofias mais generosas – às vezes as religiões – louvam a bondade. A bondade é inata? O ser humano é bom por natureza? Será que aprendemos a ser bons? Existe amor sem bondade? Podemos viver num mundo sem bondade?

— Penso que para entender a bondade devemos colocar uma bola de futebol no chão. O ponto onde a bola toca o chão eu chamo de polo sul. E o ponto do alto...

— ...de polo norte.

— Se você colocar uma bola de gude no polo sul e afastá-la um pouco, inevitavelmente ela vai voltar ao polo sul. Agora, se você colocar a bola de gude no polo norte e afastá-la um pouco, ela vai cair no chão. Em estática, dizemos que um ponto é um equilíbrio estável, e o outro, um equilíbrio instável. A bondade está no polo norte, é um equilíbrio instável, é rara, é ocasional... Já o mal está no polo sul e se beneficia da lei da gravidade. Por isso, quando falamos sobre bondade, sobre generosidade e tudo o mais, passamos por ingênuos, sonhadores, utópicos – e até por otimistas, o que é o pior de tudo! Em compensação, falamos sobre assassinatos, mortes, guerras, cadáveres, desastres e temas nessa linha.

A MAIORIA É COMPOSTA DE PESSOAS BOAS. SÃO ANÔNIMOS QUE CORREM PARA AJUDAR QUANDO O OUTRO CAI NA RUA.

– ...*O espetáculo diário dos meios de comunicação.*
– Deveríamos falar sobre a bondade sem parecermos ingênuos. Para que você não pareça ingênuo, sugiro que visite um site chamado Olbios, palavra grega que significa "alegre", "feliz", e que foi criado por um filósofo grego amigo meu, Emmanuel Damigos. Nesse site, que é precisamente um site de bondade, um estudo econômico extraordinário levanta a seguinte pergunta: qual é a sétima força econômica do mundo? É justamente a de associações de caridade, associações sem fins lucrativos, associações humanitárias, enfim, de generosidade. E o site fornece números: de acordo com um cálculo (que já tem dez anos), essas organizações já tinham doado mais de um trilhão de dólares, cifra que não para de crescer. Nos Estados Unidos, nos últimos dois anos, esse número chegou a dobrar, assim como o número de voluntários. No período entre 2001 e 2011, a França viu um crescimento de 450%. A bondade é calculável...
– *A bondade tem um preço.*

– Com certeza. Atualmente, as doações crescem 35% – mais rápido do que os papéis da Bolsa! Isso nunca é publicado nos jornais. Ainda assim, economicamente... Por exemplo, os canadenses doam anualmente dois bilhões de horas de seu tempo como voluntários. Existem números...
 – *As associações filantrópicas francesas...*
 – Isso na esfera coletiva. Gostaria agora de falar das pessoas. Se olharmos com atenção à nossa volta, as mães com seus filhos, as crianças brincando no pátio, os namorados, os idosos que contam com sorriso estampado no rosto as suas memórias, os tolos, os atletas...

Eu diria que, estatisticamente falando, as pessoas são, na sua maioria, boas e que uma minoria é corrompida.

 – *Todo mundo.*
 – ...vamos perceber que, em sua maioria, as pessoas que gostam de caminhar, de correr, de cozinhar etc., são anônimos que correm para ajudar quando o outro cai na rua. A maioria é composta de pessoas boas.
 – *A maioria.*
 – Em compensação, uma minoria, bem pequena na minha opinião, de pessoas distantes de todas as alegrias, para infelicidade própria, se encanta pela hierarquia, pelo poder. Essa minoria está disposta a todos os tipos de maldades para conquistar isso. Então, essa atividade faz um barulho infernal, aproveita

a lei da gravidade e, claro, monopoliza o espetáculo da sociedade... fascinada pelas condutas de paranoicos.
– ...*o protagonismo da cena.*
– ...o espetáculo dos mortos. Para concluir, gostaria de falar da minha experiência! Hoje sou suficientemente velho e fraco para medir certa solidariedade geral à minha volta: quantas pessoas ajudam o outro a atravessar a rua, quantas cedem o seu lugar no metrô... Eu posso me colocar no lugar dos mendigos e avaliar, de maneira mais ou menos objetiva, a atmosfera de bondade ao meu redor. E chego à mesma conclusão que cheguei com a economia, com a esfera coletiva: a maioria da humanidade é boa... Aliás, é surpreendente que o termo "humanidade" signifique "seres humanos" e também "bondade". Não deixa de ser um bom argumento à minha tese de que a maioria das pessoas é boa...
– *O ser humano é bom.*
– Eu não diria que o ser humano é bom, eu diria que, estatisticamente falando, as pessoas são, na sua maioria, boas e que uma minoria é corrompida.

Crônica de 3 de fevereiro de 2013

Doação

— A generosidade é um assunto bem difícil de tratar. Esmola ou doação pessoal, de vida, riqueza ou tempo. Muitas vezes, são os mais pobres que oferecem mais... Gostaria de citar esta bela frase de Guynemer: "Quem não doou tudo não doou nada". O que há de mais belo, Michel, mas também de mais ingrato?

— Para falar de doação, eu gostaria que fizéssemos uma viagem ao Château de Chantilly, onde, como você sabe, existe um museu maravilhoso. Lá está exposto um pequeno quadro de Rafael, sublime, que representa as Três Graças. Na pintura observamos três mulheres nuas – desconfiamos que é a mesma de frente, de costas, de perfil – que parecem fazer uma roda. Quando falamos das Três Graças, pensamos na beleza dessas três mulheres. Sabe o que é um contrassenso? Quando olhamos mais de perto, percebemos que as três mulheres têm na mão uma fruta que parece ser uma maçã. E que não estão fazendo uma roda. Uma recebe uma maçã da outra e passa a sua maçã para a terceira, que dá uma maçã para a outra, que recebe uma maçã, e assim por diante. E esse equilíbrio da troca entre as três mulheres não se chama graciosidade, mas gratuidade. Cada uma dá exatamente a mesma maçã que recebeu. As Três Graças são as Três Gratuitas! Vemos no quadro que dar é equivalente a receber: damos o mesmo que recebemos. É isso a gratuidade.

– *Se fosse mesmo verdade!*

– Quando alguém nos faz um favor, dizemos "obrigado", e esse "obrigado" é traduzido em alguns idiomas como grazie, gracias, graça precisamente, como no quadro de Rafael... No grego moderno é *efkaristo poli*, e a palavra *karisto*...

O DOADOR MOSTRA SUA GENEROSIDADE, SUA RIQUEZA, SUA GRANDEZA, SUA SUPERIORIDADE EM RELAÇÃO A QUEM RECEBE A DOAÇÃO...

– ..."*caridade*"...

– ..."Você me fez uma caridade." Mostramos assim à pessoa que acaba de nos fazer um favor que só podemos retribuir com uma palavra, e que por essa palavra reconhecemos que seu favor é gracioso, que seu favor é gratuito e que, de fato, a pessoa nos fez uma caridade. E nesse caso não é como no círculo das Três Graças, é antes o reconhecimento de um desequilíbrio provocado pela generosidade. Em primeiro lugar, equilíbrio, gratuidade. Em segundo lugar, desequilíbrio, generosidade. Essa questão do desequilíbrio é importante.

– *Isso remonta à minha ingratidão.*

– Toda a questão já foi discutida há muito tempo: a doação é um benefício. Existe até um tratado de um filósofo latino intitulado *De Beneficiis*, Dos benefícios. Ali se levanta a seguinte questão: quem faz uma doação faz isso de graça? Não, responde o filósofo: por esse gesto de doação, o doador mostra sua generosidade, sua riqueza, sua grandeza, sua superioridade em relação a quem recebe a doação...

– ...*seu poder...*

– É, portanto, um "presente de grego". Toda a questão é saber: o que podemos oferecer em troca de um favor? Podemos considerar um equilíbrio da troca? Como as relações humanas são de reposição por excelência, vou tomar o exemplo de Tartufo. Tartufo entra na casa de seu hospedeiro, tenta dormir com a mãe, come à mesa com o pai e procura se casar com a filha para se apossar da fortuna. Quem é Tartufo? Não é um hipócrita, não, é um parasita.

– *Totalmente.*

– Ele quer tudo, mas não dá nada. O desequilíbrio da troca está presente. Como você sabe, existem parasitas que atacam o organismo dos seres humanos e parasitas que atacam o organismo dos animais. Pois bem, certos parasitas se colam nos tecidos do hospedeiro que querem explorar inventando, em seu próprio organismo, uma célula que se assemelha à célula do hospedeiro. A hipocrisia parece ser então uma conduta já praticada no mundo animal e vegetal! O parasita toma tudo e não dá nada. O hospedeiro dá tudo e não toma nada. O desequilíbrio entre o parasita e o hospedeiro é o desequilíbrio máximo da troca. Ora, de repente, pode haver equilíbrio: a simbiose significa uma troca equilibrada, em que cada parte dá tanto quanto recebe. Pois, ao longo das gerações, o parasita usou e abusou da hospitalidade daquele que o abrigou e, no fim das contas, não está melhor do que o hospedeiro que contribuiu para eliminar... Os dois sentem que vão morrer. Na simbiose, chegamos então a uma espécie de equilíbrio e de acordo, em que existe um consenso sobre a reciprocidade de favores. A partir dessa análise, podemos tirar muitas aplicações para os seres humanos. O macho é o parasita da fêmea, já que a faz carregar todo o peso e todo o custo da reprodução. Mas e o filho? É ainda mais parasita da mãe, na medida em que, durante nove meses, come e dorme no conforto do útero. E, depois do nascimento, continua sendo o parasita em virtude da amamentação e mais tarde em virtude da criação... Toda a educação humana consiste em reequilibrar a troca: o pequeno parasita deve aos poucos se tornar um simbionte. Deve, em certo momento, parar apenas de receber...

O ENSINO É MUITO SUPERIOR À ECONOMIA; É A PEDRA FILOSOFAL QUE TRANSFORMA TUDO EM OURO, PORQUE, EM CADA TROCA, OBTEMOS O CRESCIMENTO.

– *...e começar a dar...*
– ...aprender a dar. Toda a educação se resume a isso. Eu posso ir mais longe. Você tem dois euros, eu tenho um pão com manteiga. Você está com fome, então compra o meu pão. Fazemos uma troca. Agora eu

tenho o dinheiro, e você, o pão com manteiga. É um equilíbrio perfeito, o que chamamos de "troca de soma zero".

– *Se eu gostasse de pão com manteiga!*

– Outro exemplo: você conhece o teorema de Pitágoras; eu, não. Você me ensina. Acontece então algo completamente diferente...

– *...nós compartilharíamos...*

– Não. No caso do pão com manteiga, vou entregar para você. No caso do conhecimento, você vai ficar com ele. Você inclusive vai melhorá-lo ao me explicar! Por isso, o conhecimento é uma troca extraordinária: ele cresce em cada troca – muito mais do que o dinheiro. É por isso que o ensino é muito superior à economia. O ensino é a pedra filosofal que transforma tudo em ouro, porque, em cada troca, em vez de atingirmos o equilíbrio, obtemos o crescimento.

– *Bela pedra filosofal, Michel. Obrigado.*

Crônica de 30 de outubro de 2011

Esperança e fé

– *Esperança e fé, duas palavras que ouvimos muito entre a eleição do presidente dos Estados Unidos Barack Obama e sua posse, pois sua ascensão ao poder despertou, nos países mais poderosos do mundo, grande entusiasmo. O próprio Obama empregou muito essas palavras quando foi empossado. Todos os líderes políticos mundiais querem devolver a esperança. Todos os seres humanos têm fé. Michel, será que você poderia nos dizer em que essas duas palavras diferem?*

– A esperança, meu caro Michel, é o título de um romance de André Malraux, bem conhecido. Já a fé é tema do mais belo poema de Charles Péguy, "Os portais do mistério da segunda virtude". Primeiro, vou apresentar definições, depois, resultados e, por fim, uma conclusão que talvez seja surpreendente. A esperança é um projeto, claro, que abrange a ação, ao passo que a fé é uma virtude que abrange a pessoa. Eu diria que em francês "esperança" é uma palavra masculina porque é ativa, e "fé" é feminina porque é íntima. A esperança é adulta, porque responsável, e a fé é uma menina, como aliás é descrita por Charles Péguy: durante a caminhada, ela corre entre as pernas dos adultos, ela vai, ela vem, ela percorre cem vezes o caminho, enquanto

os adultos percorrem apenas uma vez. A esperança é o dia, é diurna, porque é lúcida. A fé é noturna, é cega...
— *É um sonho.*
— ...está situada na noite. A esperança é histórica, política. Anima os engajados à la Sartre: imersa no contemporâneo, na atualidade, com um caminho, um método, a precisão da ação, um alvo, uma finalidade, ela prevê, trabalha para a realização do que é previsível. A fé é de outro campo. É uma das virtudes teológicas, de outro campo, quase divina. A esperança é da ordem da previdência — como falamos recentemente. Já a fé é da ordem da previsão. A esperança aplica o princípio da precaução; a fé zomba da precaução.

A FÉ É UMA VIRTUDE VITAL, FÍSICA, DO ELÃ VITAL PROFUNDO. POR ISSO EU DISSE QUE ERA UMA PALAVRA FEMININA: É A FORÇA FEMININA DA OBSTINAÇÃO DE VIVER.

— *Já que colocamos nas mãos de Deus...*
— Definições estabelecidas, vamos passar para os resultados. Acredito que o futuro raramente se anuncia promissor, na maioria das vezes se anuncia complicado.
— *Se anuncia difícil.*
— Ele encontra obstáculos, tempestades, inimigos e, sobretudo, a natureza caótica da História. É absolutamente imprevisível. Veja meu exemplo: eu sou escritor e, se tenho esperança, é esperança de sucesso. Pois bem, isso raramente acontece! A fé é a qualidade da escrita.

Você pode ver que eu vivo apenas da fé. A esperança não sabe que está enganada. E eu acredito que a esperança seja uma ilusão. Falei há pouco dos engajados à la Sartre... mas eles acabaram apoiando Stalin, Mao Tse-Tung, Pol Pot. Quantos milhões de mortes?
– *Quantos erros?!*
– É melhor, como a fé, percorrer cem vezes o caminho para se orientar bem e saber onde vai dar. A fé é etérea, com certeza, mas acredito que também seja corporal. É uma virtude corporal. É o que faz bater o coração, o que faz o sangue correr. É uma virtude relacionada com a vida. Por isso, ela acalenta a esperança, para além de todos os fracassos. A fé é uma virtude vital, física, fisiológica, do elã vital profundo. Por isso eu disse que era uma palavra feminina: é a força feminina da obstinação de viver – seguimos em frente, contra todos os fracassos, contra todas as esperanças perdidas. A esperança é fria, é concebida mentalmente, um pouco de modo abstrato. Já a fé queima no corpo. Sem fé, com certeza não haveria um grão de esperança.
– *Podemos desejar então ao presidente Obama muita fé para que cumpra as grandes esperanças?*
– *Grandes esperanças* é o título de um dos romances de Dickens que fala de herança. Eu não estou falando sobre política: a política é apenas esperança e você pode acreditar que, na esfera política, a esperança na maioria das vezes é frustrada. Agora, sem fé não há esperança.

Crônica de 22 de fevereiro de 2009

A FRAQUEZA

– *Na educação, na política, nas relações entre povos, falamos o tempo todo sobre a força e seu antônimo: a fraqueza. Uma força, um defeito, um assunto tratado com beleza por um jovem filósofo, Alexandre Jollien, em seu* Elogio da fraqueza. *Michel, o que você diria sobre "força"?*

– Você tem razão. Atualmente, em todos os meios – na política, na educação, na indústria e na publicidade –, circula uma ideologia que se refere aos vencedores, aos medalhistas de ouro, aos mais fortes, e que professa que devemos superar o outro, que precisamos ter sucesso na vida etc. É uma moral à la Schwarzenegger, à la Tarzan: o mais forte dos animais da selva. Essa ideologia precisa de um banho de água fria, e é exatamente o que eu pretendo fazer...

– *Confio em você!*

– Para isso, vou falar sobre a vida dos vencidos. O primeiro foi um rapaz que se bateu em duelo e foi morto por alguém mais forte do que ele, enquanto militava pela justiça e defendia sua namorada. Seu nome era Évariste Galois e devemos a ele tudo o que, em álgebra moderna, diz respeito à teoria dos grupos. Ele tinha vinte anos, foi vencido, e devemos a ele a álgebra moderna.

– *Galois morreu bem jovem.*
– Ele tinha acabado de fazer vinte anos. Da mesma forma, a química deve seus fundamentos a Lavoisier, que foi guilhotinado com frieza durante a Revolução Francesa. No nascimento de duas ciências, duas vidas de dois vencidos. Mas eu gostaria de falar sobre outros, talvez mais importantes e mais decisivos para a humanidade. Ele era professor de aritmética em Cambridge e, em 1939, foi recrutado pelo exército britânico para trabalhar no departamento de "códigos". Esse homem conseguiu decodificar todas as mensagens alemãs emitidas por Enigma*.

Devemos a informática a um vencido, devemos a química a um vencido, devemos a álgebra a um vencido, devemos a higiene a um vencido.

– *Mas ele era homossexual...*
– Sem exageros, podemos dizer que esse homem ajudou a ganhar a guerra. Um dia, ele foi roubado e o comissário de polícia perguntou se teria alguma ideia de quem havia praticado o ato. "É claro, foi meu amante, que me deixou. Ele foi embora e levou tudo." Ele foi então a julgamento e condenado ao que se chamava na época de "castração química", à base de estrógenos. Em função dos estrógenos, sofreu o aumento das mamas e,

---

* Máquina eletromecânica de criptografia muito utilizada pelas forças alemãs a partir de 1920. (N.E.)

desesperado, cometeu suicídio com cianeto. Da mesma forma que a França decapitou o seu químico, a Inglaterra impeliu à morte seu benfeitor genial. Esse homem, esse vencido, se chamava Alan Turing, e devemos a ele não apenas a vitória na guerra como também a informática. Passo agora da Inglaterra para a Áustria, do século XX para o século XIX: Semmelweis era médico. Para ser mais preciso, obstetra. Realizava partos em dois hospitais: um dirigido por freiras, outro por alunos de enfermagem. No segundo hospital, ele observou que uma proporção extraordinária de mulheres morria de febre puerperal.

A FRAQUEZA É A INOVAÇÃO, A DESCOBERTA. ACREDITO QUE QUEM CRIA SE PREOCUPA COM A COISA EM SI, E NUNCA COM O "GANHO".

– *Uma alta taxa de mortalidade...*
– Ele pediu então aos alunos para lavarem as mãos entre as autópsias e os partos. Coisa realmente inacreditável: os estudantes não lavavam as mãos depois de dissecar os cadáveres...
– *Higiene e profilaxia...*
– Em Viena, na Alemanha, na França, na Inglaterra... todas as corporações médicas condenaram essa experiência. Semmelweis morreu louco, numa clínica. Um vencido que é o inventor da higiene. Devemos a informática a um vencido, devemos a química a um vencido, devemos a álgebra a um vencido, devemos a

higiene a um vencido. Vamos prosseguir com nossas histórias de vida. Um físico austríaco chamado Boltzmann inventou a definição de entropia. Ninguém acreditou em suas palavras e ele cometeu suicídio em Duino, perto de Trieste, na primeira década do século XX. Devemos a esse vencido a grande teoria da energética.

– *Você associa "perdedor" e "vencido". É sempre a mesma fraqueza?*

– Sim.

– *Não podemos ser fortes e vencidos?*

– Todos os nomes que mencionei são, justamente, fortíssimos em suas áreas. Mas foram vencidos pela sociedade. Da mesma forma, Wegener, no início do século XX, intuiu a teoria das placas tectônicas, da deriva dos continentes. Mas, também nesse caso, ele não foi reconhecido, não foi levado a sério. Encontraram seu cadáver congelado no norte da Groenlândia. Eu poderia estender a lista desses homens que foram reformadores, inovadores e inventores extraordinários. E que foram vencidos pela sociedade. Aliás, quase me esqueci de um que viveu entre pessoas humildes. Ele foi condenado à morte e, coberto de escarro e coroado de espinhos, morreu entre dois ladrões. A esse homem, devemos dois milênios de cultura, dez catedrais sublimes, o abade Pierre e a madre Teresa. Bem-aventurados os fracos!

– *Jesus Cristo.*

– Bom, elaborei uma lista de pessoas a quem devemos provavelmente nossa modernidade e nossa cultura em geral. Seres humanos que, apesar disso, foram quase sempre vencidos. Em comparação, o que é a ideologia da força? Talvez seja Napoleão e trinta mil mortos na Batalha de Borodino... Você não acha que, se esse vencedor ressuscitasse agora, seria intimado perante os tribunais por crimes contra a humanidade? Talvez seja isso a força. Já a fraqueza é a inovação, a descoberta e tudo o mais. Acredito que quem cria se preocupa com a coisa em si, e nunca com o "ganho". Esse é o segredo para inventar. Bem-aventurados os fracos...

Crônica de 4 de dezembro de 2011

A GEOGRAFIA

– *A geografia é formidável. Ela ajuda a entender e conhecer o mundo ao redor, seus relevos, suas cores, seus povos, seus produtos... Todas as coisas que aprendemos com geografia na escola são posteriormente úteis na vida. Por sinal, um site acaba de ser lançado na internet: Edugeo, iniciativa do geoportal do Instituto Geográfico Nacional francês, que permite a pesquisa on-line de geografia. Este ano, o tema do Festival Internacional de Geografia é a guerra. Guerra e geografia, qual é a relação?*

– Vou fazer um elogio da geografia porque sou um grande admirador dos geógrafos e costumo ler suas obras. Gosto muito, em particular, de ler mapas – quase tanto quanto livros. Eu li muito Júlio Verne em minha formação e adoro ir pessoalmente aos lugares. Para mim, o lugar é importante para ver as coisas e a paisagem. Você sabe que, no passado, a gente separava a história e a geografia. Os meus colegas, filósofos ou teóricos das ciências humanas, se alinham mais entre os historiadores. Eu sou mais geógrafo. A história é composta pelas relações humanas e muitas vezes pelas guerras. Eu prefiro a geografia porque ela descortina diante de mim a beleza do mundo.

– *Mas às vezes a geografia também explica as guerras.*

– Sim. Em especial as guerras pelo acesso à água etc. Mas isso está ligado mais à exploração do mundo do que ao próprio mundo.

O GEÓGRAFO É O PONTÍFICE, É QUEM CONSTRÓI UMA PONTE ENTRE A HISTÓRIA DOS POVOS E O AMBIENTE GLOBAL DO PLANETA.

– *O acesso ao mar...*
– Como estamos falando de guerra e paz, gostaria de comentar algo que abrange o ensino, a formação. É fato que as universidades espalhadas pelo mundo, mais do que na França e tanto quanto na França, dividem geralmente a formação dos jovens entre humanas, de um lado, e exatas, de outro. Essa divisão é uma verdadeira tragédia: de um lado, peritos incultos que têm dificuldade de escrever, dificuldade de se expressar; do outro, cultos imperitos que têm dificuldade de deduzir, dificuldade de contar. Essa formação produz hemiplégicos: de um lado, humanidades sem ciências exatas; de outro, ciências exatas sem humanidades! Dois subconjuntos de tolos. A população pode então ser dividida em dois subgrupos enfraquecidos por sua respectiva lacuna. Porém, a geografia faz a ponte: não é possível ser geógrafo sem ser terceiro-instruído, no sentido que conferi a essa palavra. O geógrafo precisa saber das ciências duras – ser especialista em física da Terra, saber geologia, teoria das placas tectônicas, cristalografia, climatologia, vulcanologia... – mas também conhecer

biologia, história natural, até ecologia, não no sentido político, mas no sentido disciplinar do termo.
– *E economia...*
– Ainda não acabei! Por enquanto, estou nas ciências duras: de um lado, ciências da Terra; do outro, ciências dos seres vivos. Mas é preciso conhecer também ciências humanas – saber história, urbanismo, demografia, economia, finanças e por aí afora. O geógrafo é o pontífice, é quem constrói uma ponte entre a história dos povos, conduzida pelas ciências humanas, e o ambiente global do planeta, explicado pelas ciências duras.
– *É o homem completo...*
– O que era no passado uma guerra, uma tensão entre a história e a geografia, se torna, com a geografia, essa primeira paz que prometi abordar. É por isto que faço o elogio da geografia e pratico essa disciplina: por essa ponte e por essa complementação de saber a respeito dos homens e do mundo. Agora vou falar sobre outra guerra. Tenho a impressão de que, desde que os agricultores abandonaram a terra, desde que não há mais do que 2% de agricultores, ignoramos o mundo em que vivemos. Em nossa maioria, nos tornamos animais domésticos, animais da cidade. Hoje, os meios de comunicação falam sobre política, ou seja, sobre a cidade. E de certa maneira as relações humanas opõem ou conectam as pessoas com as pessoas, como se fosse um jogo para dois. Pessoas contra pessoas: os ricos, os pobres, a direita, a esquerda etc.
– *São relações sociais, não relações geográficas.*

– A geografia adiciona um elemento a esse jogo para dois – o jogo da História ou das ciências humanas –, ela define um jogo para três. Sem dúvida não podemos negar que os seres humanos vivem juntos, que lutam entre si, que têm relações entre si. Mas essas relações acontecem no mundo. Quando Hegel fala da luta do senhor e do escravo, ele deixa de dizer onde ocorre essa luta. É em um ringue de boxe, em um tatame de sumô, em campo aberto, no mar? Eu considero o lugar. Em um lindíssimo quadro de Goya, duas pessoas lutam na areia movediça. Goya é o primeiro a mostrar a localização geográfica, o lugar real onde acontece a batalha. Ele coloca os adversários na areia movediça. Quem vai ganhar? A areia, sim, o mundo, sim, o lugar. A geografia fala desse lugar e mostra que a mão do mundo vai regular as relações humanas. Porque se, do ponto de vista das ciências duras e moles, a geografia faz a ponte e a complementação entre o saber, do ponto de vista das relações, ela estabelece a paz entre os homens e o mundo.

Crônica de 5 de outubro de 2008

A GOURMANDISE

– A gourmandise* é um pecado? Como escrevia Lionel Poilâne em sua "Súplica ao Papa", não é injusto que a língua francesa traduza um dos sete pecados capitais da Bíblia pela palavra "gourmandise"? Será que não deveríamos usar as palavras "goinfrerie" [gulodice] ou "gloutonnerie" [glutonaria]?
– Ou até "ivrognerie" [embriaguez]. Esse pecado médico não está escrito com todas as letras em todos os cartazes: "O excesso de álcool é prejudicial à saúde"? "Fumar mata." Continuamos na mesma seara. Na verdade, se trata do excesso, da embriaguez ou da glutonaria. A gourmandise é algo totalmente diferente e gostaria ao menos de apresentar o seu menu. Vamos começar, por exemplo, pelo elogio dos vegetais. Como os vegetais são quase todos deliciosos, qual escolher? A minha escolha hoje será a alcachofra. Michel, você por acaso já bebeu água depois de comer alcachofra?
– Sim, e escovei a língua...
– Depois de comer alcachofra, a água tem um sabor delicioso, um sabor de anis, completamente diferente. Afirmamos que a água é inodora, insípida. Ela tem então um sabor extraordinário. A alcachofra é tão

---

* Em francês, gourmandise pode significar tanto o pecado da gula quanto o apreço pela boa mesa. (N.T.)

extraordinária que torna a água saborosa. Além disso, é para mim o símbolo da obra de arte. Quando você olha uma obra, você a explica. Quanto mais você explicar, mais ela oferece novas explicações. Sempre encontramos uma folha a mais, uma bráctea a mais. A alcachofra é, de todos, um dos melhores vegetais.

O PECADO, COMO EU DISSE HÁ POUCO, É SOBRETUDO O EXCESSO. É O QUE PÕE EM PERIGO A SAÚDE: O EXCESSO DE ÁLCOOL, DE TABAGISMO...

– *Você não está se afastando da gourmandise?*
– Não, estou praticando a gourmandise! Adiante. Depois dos vegetais, gostaria de saborear um peixe. Lembro muito bem um dia em que, embarcado, eu fazia a guarda e de repente o vigia de estibordo disse: "Está vendo aquele barco logo à frente? É do meu cunhado". Nós avançamos a embarcação e, quando ficamos a contrabordo, o cunhado do vigia nos atirou um monte de cavalas para o convés. Os peixes ainda estavam se debatendo e não perdemos tempo em passá-los para a panela. Que sabor delicioso tem um peixe que se come com tanto frescor!
– *A gourmandise não combina melhor com coisas doces?*
– Não se preocupe, vamos chegar lá. Em St. John's, em Terra Nova, o bacalhau recém-pescado tem um extraordinário sabor de avelã... Se você quer falar sobre

coisas doces, que tal escolhermos a pera como sobremesa? Só que antes, os queijos. Já saboreamos a alcachofra, uma cavala ou um bacalhau. Vamos considerar agora a extraordinária variedade de queijos oferecidos pela França, do roquefort ao chaource, do feito com leite das ovelhas dos Pireneus ao saint-nectaire...
– *Estou com água na boca...*
– E já que você deseja frutas, as maçãs são quase sempre saborosas. Com a pera é mais complicado. Ela é saborosa apenas no ponto e na hora certa, ao meio-dia de uma terça-feira. Mas quando saboreamos a fruta nesse exato momento é extraordinária. "Como dilui em gozo a fruta sua essência, como deixa a delícia em troca da ausência, na boca onde a sua forma se extingue", Valéry.* Para terminar, eu tomaria um dos admiráveis vinhos franceses. Para ser mais preciso, um sauternes do Château d'Yquem, com sua longa persistência, a própria imagem da gourmandise.
– *Você mirou alto, agora...*
– É no vinho que o cozido libera todos os imagináveis sabores. Um especialista distinguirá dez, vinte, trinta sabores. Por isso, há na gourmandise um conhecimento sensorial extraordinariamente aguçado, que procurei descrever de maneira precisa quando escrevi *Os cinco sentidos*. Os sentidos nos enganam muito menos do que dizem os manuais de filosofia!
– *Você está falando de um talento, não de um pecado...*

---

* "Comme le fruit se fond en jouissance, comme en délice il change son absence, dans une bouche où sa forme se meurt." Versos de "Le Cimetière marin" [O cemitério marinho], de Paul Valéry. (N.T.)

– O pecado, como eu disse há pouco, é sobretudo o excesso. É sobretudo o que põe em perigo a saúde: o excesso de álcool, que põe em perigo nossas artérias, o excesso de tabagismo, que põe em perigo nossos pulmões... As precauções médicas e sociais que tomamos hoje para a saúde ou para a segurança retomam, em linguagem totalmente laica, a velha lista dos vícios. Essa lista capital resumia os excessos. Mas, como estamos elaborando um menu, gostaria de concluir com uma sobremesa. Você, que estava atrás de coisas doces... bem, eu adoro a tarte Tatin...

SER GOURMAND É ENCONTRAR O EXCEPCIONAL NO DIA A DIA. ENCONTRAR A RARIDADE NO QUE É COMUM. RESUMINDO: O CÉU É AQUI E AGORA.

– ...*hum*...

– ...que é feita com maçãs. E, se você não se opuser, vou finalizar este menu por uma imitação vaga do que os japoneses chamam de haicai:

"Matin, Tatin, satin
Tous les matins
Une tarte Tatin
Au goût de satin."*

– *Bela pedida.*

---

* Literalmente: Manhã, Tatin, cetim/ Todas as manhãs/ Uma torta Tatin/ De sabor acetinado. (N.T.)

– Esse seria o menu que eu escolheria este domingo para saciar minha gourmandise. Seja como for, gostaria de concluir lembrando que a gourmandise não abarca apenas o paladar e o olfato. Podemos ser gourmands por um soneto de Ronsard. Por um elegante teorema matemático. Por uma noite de amor. A gourmandise é um prazer generalizado da boca, mas também de todo o corpo, ao longo do dia e até da vida toda. Podemos levar uma vida de gourmandise sem que seja pecado. Apenas por curiosidade, pelo conhecimento, pela abertura do corpo e da alma. Como eu disse semanas atrás, a filosofia quer tudo. Pois então, ela tem uma gourmandise insaciável!

– *Ao ouvir você falando, tudo isso me parece bem simples...*

– Este é o ponto: a gourmandise se define pela simplicidade. Eu escolhi esse menu exatamente pela simplicidade. Você notou que a pera só é saborosíssima em certo dia, em certo horário? Que a cavala ou o bacalhau só podem ser apreciados no momento em que são pescados? Que a alcachofra só é boa porque realça o sabor da água? Quanto à tarte Tatin, eu não disse que era saborosa, e sim que inspirava meu divertido haicai "Matin, Tatin, satin". Pois então, ser gourmand é encontrar o excepcional no dia a dia. Encontrar a raridade no que é comum. Encontrar o sabor por trás do que vemos quase diariamente em casa ou na rua. Resumindo: o céu é aqui e agora.

Crônica de 3 de dezembro de 2006

O INVISÍVEL

– *O invisível... para falar sobre o tema, gostaria de começar citando o Pequeno Príncipe, a quem a raposa revela seu segredo: "Só se enxerga bem com o coração. O essencial é invisível aos olhos". Há também o homem invisível. O invisível para quem não tem vista e, ainda assim, enxerga muito, com a apuração de todos os outros sentidos. Ser invisível, um sonho dos seres humanos: quer para se proteger, quer para surpreender, quer para esconder as suas emoções ou por vergonha do ridículo. Essa palavra nos acompanha em nossas atividades diárias, tem inúmeras acepções, tanto em sentido literal quanto figurado. Deixo para você a escolha, Michel.*

– Quando eu tinha oito anos, a declaração de guerra e a mobilização geral acabaram desfalcando as fileiras dos professores. Em vez de cem, já não passavam de trinta. Diante da escassez, foi preciso reagrupar todas as classes. E, no final de um recreio um pouco longo, me passaram da segunda para a quarta série e troquei os calções curtos pelas calças de golfe. Claro, fiquei muito surpreso, me sentei e, diante do quadro-negro, o professor de matemática – que era aposentado, manco, simpático – escreveu com o giz no quadro: $x - 2 = 0$. O que era aquilo? Era outra língua! 2 e 0, eu entendia que eram números. Agora, "x", que diabos era isso?

– *Uma letra.*

– O professor iria então contar com letras? Mais do que isso, ele iria colocar o alfabeto ao contrário, começando por "x", "y" e "z"? Eu não entendia patavina daquilo. De repente, tive uma luz e compreendi: "x" era um cofrinho em que você jogava todos os números que quisesse. Como um cofrinho em que as moedas desaparecem diante de nossos próprios olhos. Mas e a tal da álgebra de que ele falava? Era brincar com aquele invisível: as moedas do cofrinho. Era mais rápida, economizava números. Acho que nunca mais consegui apagar aquela luz. Nunca mais consegui sair daquele cofrinho, daquela cornucópia. Eu vi...

Todo mundo já viu uma maçã cair da macieira. Já Newton viu letras, números, uma lei sem precedentes, invisível a todos...

– ...o invisível...
– Eu estava num castelo encantado, fora da guerra e de seus gritos de ódio. Ao mudar de hábitos, ao expandir a vista, ao olhar às cegas, percebemos que compreendemos melhor. Já dos problemas sobre "preço de custo", "preço de venda", torneiras e pias entupidas...
– *E sobre o tempo de resfriamento do canhão.*
– ...naturalmente eu não entendia nada... O "x" daquele idoso de cabelos negros e pincenê de prata me levou ao milagroso paraíso da compreensão. Aquele "x" invisível explicava o visível. É uma lembrança que vou carregar para sempre. Posso dar mil exemplos. Todo

mundo enxerga que o sol nasce, que se põe, enfim, que o Sol gira em volta da Terra. Só que os astrônomos há muitíssimo tempo enxergavam esse movimento completamente ao inverso. Dá para ver que a Terra gira. Agora, não dá para ver que a Terra gira em volta do Sol, e isso explica o movimento dos planetas. Aqui o invisível também explica o visível. Outro exemplo: todo mundo já viu uma maçã madura cair da macieira.
– *Claro.*
– Já Newton viu algo invisível: letras, números, uma lei sem precedentes, invisível a todos...
– *A ausência de peso. A gravidade.*
– ...que, precisamente, permitiu compreender que as maçãs não apenas caem – fato importante –, como também que os próprios astros giram em volta do Sol, e por que giram e a motriz do seu movimento. E tantas outras coisas ainda. Isso é matemática, isso é astronomia...
– *...e física.*
– Desde o início dos tempos, os médicos tentavam sem sucesso curar doenças que causam febre e, às vezes, matam os pacientes. Um belo dia, Pasteur e seus sucessores descobriram micróbios invisíveis...
– *...a olho nu.*
– ...que explicam a infecção. Então fomos capazes de elaborar remédios para combater essas doenças e essas febres. Logo, o invisível não só explica o visível, como o invisível também pode curar o visível. Melhor ainda! E quem viu as papoulas nos trigais amarelos antes da tela de Renoir? E quem viu o leite correr do jarro

antes de Vermeer e sua Leiteira? E quem viu o sol amarelo e o céu azul antes das pinturas de Van Gogh? Esses são exemplos de pintores extremamente lúcidos, pintores geniais, que enxergam o que nós não enxergamos. Acabamos vendo o visível graças ao invisível que eles viram melhor do que nós. Existem então vários invisíveis: o abstrato, "x", o das leis da física, das leis da astronomia; o das células responsáveis pela infecção; e o dos gênios da pintura. Mas existe outro... Vejo um invisível mais misterioso em Van der Weyden – muito vermelho –, ou em Fra Angelico – muito mais pálido – na tela da *Anunciação*, ou em Rembrandt em *Os peregrinos de Emaús* ou em seu *Jeremias*. Rembrandt banha sua tela de uma estranha luz que consegue nos fazer ver esse outro invisível, em êxtase ou em arroubo espiritual.

– *Então é possível pintar e representar o invisível.*

– É inclusive o objetivo da pintura de um gênio.

– *Eu gostaria de retomar a frase de Saint-Exupéry: "Só se enxerga bem com o coração", porque, afinal de contas, existe também o invisível dos sentimentos e das emoções.*

– Saint-Exupéry não disse nada de novo: há muito tempo, Pascal já afirmava que o coração tem razões que a própria razão desconhece... É uma velha história. Tudo o que comentei no programa de hoje se resume, precisamente, em dizer que o invisível explica, cura ou mostra um outro mundo muitas vezes mais real do que o mundo visível.

Crônica de 2 de dezembro de 2012

A NOITE

– *A noite chega todos os dias... A noite estabelece o ritmo de nossas vidas. É motivo de nossos medos e de nossas fantasias. É vital para os nossos ritmos de descanso circadianos. Ela "é a melhor conselheira", de acordo com o antigo provérbio. Antigamente, à noite, a guerra era interrompida. Hoje, é à noite que são lançados os bombardeios mais desmoralizantes. Michel, noite rima com impotência?*

– "A luz brilha nas trevas, e as trevas não a derrotaram." Tanto a religião de São João, que acabei de citar, quanto a filosofia das Luzes pensavam, acreditavam que era necessário combater as trevas, que as trevas estavam ativas e que prevaleceriam sobre a luz. Se trata de um paradoxo extraordinário. Por mais de uma razão. Veja com seus próprios olhos: qualquer luz, mesmo a mais tremeluzente de uma vela, apaga a sombra, apaga a escuridão da noite, ao passo que a escuridão, até onde eu saiba, nunca venceu a luz! Primeiro paradoxo, que faz graça da imagem filosófica do conhecimento. Segundo paradoxo, conhecidíssimo entre os astrônomos, o paradoxo de Olbers, sobrenome do astrônomo do século XIX que o lançou, embora esse paradoxo já viesse sendo ventilado por muitos outros no século XVI e XVII.

Esse paradoxo propõe que, se o olhar consegue avistar uma estrela em qualquer direção, a abóbada celestial seria então muito mais brilhante à noite do que de dia, e a luminosidade deveria ser, portanto, dez vezes maior à noite do que de dia. Esse paradoxo permaneceu insolucionável por muito tempo, até que a expansão do universo trouxe uma explicação lógica à questão. Há um terceiro paradoxo que eu gostaria de abordar: nós perdemos a noite. Por exemplo, se você observar fotografias tiradas à noite de nosso planeta, vai constatar que a luz satura completamente nossas regiões ocidentais, seja na América do Norte, seja na Europa...

Quem mora nas cidades sabe como é impossível escapar da luz. Nós perdemos a noite como perdemos o silêncio.

– *Onde existe vida, onde existem cidades...*
– Sim, mas não apenas. De Oxford a Turim, passando pelo Ruhr e pela Suíça, distinguimos muito bem manchas de luz gigantescas...
– *A poluição luminosa.*
– Quem mora nas cidades sabe como é impossível escapar da luz. É difícil contemplar a noite, a menos que você vá para o deserto, para o Himalaia ou para o cume dos Alpes.
– *No Périgord, ainda dá para ver um pouco da noite.*
– Nós perdemos a noite como perdemos o silêncio. O clarão obrigatório é quase o paralelo do rumor

obrigatório. Suplico a nossos ouvintes que protejam o silêncio. E atualmente a noite também deve ser protegida, ao contrário do que afirmava a filosofia das Luzes. Volto ao paradoxo que me parece o mais importante dos quatro que acabei de citar. Desde que o mundo é mundo, o modelo do conhecimento para os filósofos sempre foi a luz. Filosofia das Luzes...

– ...*século das Luzes*...

– ...ou o sol: o brilho que propaga a verdade. Pois bem, se o dia fosse o modelo de conhecimento, da ciência e até da consciência, só haveria uma verdade. Aí está a ideologia. Uma verdade única, totalitária e, de certa maneira, cruel e tirânica. A ciência e o saber se assemelham muito mais à noite do que ao dia: o saber é constelado de pontos de referência diferentes, múltiplos, pontuais, dispersos, díspares. O modelo da ciência, da consciência e do saber deveria ser a noite em vez do dia, na medida em que os pontos de referência brilhantes, diversos e incontáveis se destacam contra o fundo negro do não saber. Vou terminar falando da beleza da noite. Não há nada mais bonito do que as constelações: Orion...

– ...*Capricórnio, Cassiopeia, Ursa Maior*...

– ...e as lindas gigantes, vermelhas como Betelgeuse, azuis como Rigel, Vega no zênite do céu de verão, o Cão Maior de Sirius...

– ...*a Lyra*...

– Antares, que é a cabeça de Medusa, cintila em milhares de cores, como um diamante... Você deve ter notado que eu pronunciei nomes gregos, como Antártica –

do outro lado do Ártico, que é uma referência à Ursa Maior –, ou Arturo – a cauda do urso –, mas também palavras latinas: Septentrion – 7 é igual a 4 mais 3 –, basta você contar o número de estrelas que são visíveis na Ursa Maior... E nomes como Rigel e Betelgeuse, que em árabe designam o ombro e o pé. Essa mistura de nomes franceses, latinos, gregos, árabes se deve a uma velha tradição: entre a Idade Média e a idade clássica, os astrônomos, quer fossem muçulmanos, cristãos, judeus ou ateus, colaboravam para nomear as estrelas que observavam no céu. É no céu que se encontra a paz das civilizações, a paz das culturas...

– *E é à noite que dá para observar melhor o céu.*

– Existe na noite uma serenidade que qualquer viajante no deserto, qualquer alpinista no Himalaia ou nos Andes sentiu quando, em certo momento, acreditou que as estrelas estavam tão próximas que ele poderia tocá-las com a mão. A noite é mais bela do que o dia, mais sábia do que o dia, mais pacífica e tranquila do que o dia.

Crônica de 1º de maio de 2011

A PAZ

– O que não foi dito ou feito em nome da paz? "Si vis pacem, para bellum", "Se quer paz, se prepare para a guerra", já diziam os romanos. A paz, esse estado instável, tão propício à felicidade e tão difícil de manter. A paz, que não deve ser conservada a qualquer preço. Ela é como o horizonte, uma linha distante que se afasta quando nos aproximamos, pelo menos até os dias de hoje. Michel, você, que já abordou os estigmas da guerra, acha que a paz é uma utopia?

– Meu pai, um dos raros sobreviventes do massacre bárbaro de 1914, saiu da guerra intoxicado. Quanto à minha mãe, ela foi uma das raras moças a se casar: evidentemente, todos os noivos tinham morrido na guerra. Como nasci perto dos Pireneus, em 1936 vi as hordas de refugiados da bárbara Guerra Civil Espanhola e, três anos depois, as hordas de refugiados da Blitzkrieg. Eu tinha nove anos. De 1939 a 1947, eu vivi a Segunda Guerra Mundial, com cem milhões de mortos, mais Auschwitz, Hiroshima, sem falar da Libertação, quando a França beirou a guerra civil. Na idade de pegar em armas, eu obviamente conheci a Guerra da Indochina, a Guerra da Argélia e participei da expedição de Suez. Logo, desde meu nascimento até meus

25 anos, eu experimentei guerra, guerra, guerra. Por isso, tenho uma alma da paz. Mas vamos deixar de lado minha história pessoal para falar da História. O que aconteceu nos últimos setenta anos? Nós, europeus ocidentais, estamos em paz, e o que é extraordinário é que, no mundo, os "jovens" que nos governam são os primeiros na História a nunca terem conhecido a guerra. Na França, por exemplo, François Mitterrand conheceu a guerra, Jacques Chirac conheceu a guerra, mas, a partir de Nicolas Sarkozy e de François Hollande, nossos líderes não conheceram a guerra. O mesmo acontece na Alemanha, com Angela Merkel...

– *E no Reino Unido, com David Cameron. Na Itália...*

– ...nos Estados Unidos, com Obama etc. Um provérbio de ciência política rezava que "O Estado faz a guerra e a guerra faz o Estado". Um estadista era consequentemente um general, um estrategista ou um guerreiro. Isso acabou.

– *Mas na África...*

– Sim, vamos abordar o mundo. Eu falei sobre minha história pessoal, eu falei sobre a História, eu gostaria agora de falar sobre as causas de mortalidade. Suplico aos ouvintes que pesquisem na internet sobre as causas de mortalidade no mundo. Vocês vão descobrir resultados extraordinários de uma lista elaborada por organizações internacionais, em particular a OMS. As causas de mortalidade no mundo são doenças (doenças infecciosas, 29,7%; câncer, 13% – naturalmente, isso representa milhões de mortes; doenças cardiovasculares, 12%), drogas (10%), acidentes vasculares cerebrais (10%), acidentes de trânsito (também 10%, com 1,5 milhão de mortes por ano e 40 milhões de feridos). Já as causas de morte por violência...

NA MINHA VIDA, EU SÓ CONHECI A GUERRA, ENTÃO FORMEI UMA ALMA DA PAZ; PORQUE A PAZ NÃO É UMA UTOPIA!

– ...*relacionada com a guerra*...
– As causas de morte por violência em geral representam 1%, sendo 0,3% para as causas relacionadas especificamente com a guerra. É um percentual insignificante. No mundo, volto a repetir, estamos em paz há exatos setenta anos. Apesar disso, os meios de comunicação só falam de violência, de guerras, de doenças e de catástrofes. É mentira! O que chamamos de "o sentido da informação" é hoje o contrassenso da informação!
– *Você falou sobre as mortes, mas não falou sobre toda a miséria criada pelas guerras. Os refugiados, os exilados, os massacrados...*
– Reconheço. Mas o número de mortos por atos de guerra é 0,3%. Dizemos que a paz é uma utopia, dizemos que a paz é inacessível: ela está instalada há setenta anos no mundo, não apenas na Europa Ocidental! Envenenamos os ouvintes com violência e morte...
– *O que inverte completamente o sentido da lista mencionada.*
Eu tenho a sensação de anunciar algo inacreditável hoje no programa: só a paz reina no mundo há

quase um século. Embora se diga exatamente o contrário. É por isso que essa questão me fascina: na minha vida, eu só conheci a guerra, então formei uma alma da paz; mas essa alma da paz está realizada, porque a paz não é uma utopia!

– *Não é uma visão ocidental, europeia?*

– De jeito nenhum. São números globais, estabelecidos pela OMS. Posso até fornecer o número exato: 190 mil mortes no mundo, ao passo que doenças cardiovasculares, por exemplo, matam 17 milhões. A paz é hoje uma realidade estável. E a violência só recua desde a Segunda Guerra Mundial.

– *Então vivemos em paz e vamos pedir para a paz levar mais felicidade a todos que, apesar disso, sofrem com as poucas guerras no mundo.*

– Você fala de sofrimento; eu falo da felicidade da paz.

Crônica de 2 de fevereiro de 2014

A FILOSOFIA

– Estamos agora no centro de seu universo, Michel: a filosofia. Filosofia que agora ganha consultórios filosóficos! De onde vem essa tendência? Aliás, a palavra não está mal-empregada? Precisamos de uma dose diária de filosofia, Michel?
– Hegel dizia que "A leitura do jornal é a oração matinal do filósofo". E na nossa rádio podemos dizer: "A pequena lição de filosofia se torna a oração noturna do jornalista aos domingos..."
– Mas é formidável...
– E não é uma piada: vocês, jornalistas, como nós, filósofos, têm uma paixão central, a paixão pela totalidade. Não há possibilidade de escolha. Toda a realidade. Todo o saber. Toda a história. Todo o ser humano. A filosofia é tudo isto: toda a enciclopédia, todo a experiência mundial e humana. E serve para tudo: para ver com lucidez o mundo, para relativizar valores sociais, para pensar com a própria cabeça, para se libertar e para consolar o sofrimento. O próprio e o dos outros.
– O que já compreendemos há três mil anos...
– Já compreendemos há muito tempo, mas isso continua sendo incompreensível! Mas para que serve realmente a filosofia?, já que você me colocou a questão. Ela serve para saber perder. Porque a filosofia é

uma perdedora. Primeira derrota da filosofia: essa paixão pela totalidade é vencida hoje pelas especialidades. Todo mundo ri de quem se dedica à totalidade. Segunda derrota: a lucidez que eu mencionei é hoje vencida pela sociedade do espetáculo, pela propagação universal da ilusão. Mas vamos a uma segunda questão, não mais para que serve a filosofia, mas a quem serve? Ela é escrava, serviçal? Não. A filosofia, a filosofia independente, não serve ninguém. Algo que é bastante fácil para ela. Como ela é pobre, não serve a fortuna. Como é sem força e sem influência, não serve o poder.

A FILOSOFIA É A ANTECIPAÇÃO DAS PRÁTICAS E DAS TEORIAS FUTURAS, DAS CIVILIZAÇÕES FUTURAS. QUEM NÃO ANTECIPA NÃO É UM FILÓSOFO DE VERDADE.

– *Quanta modéstia...*
– Ela não serve as seitas, não serve os partidos. Não, ela é perdedora. Terceira derrota: essa independência é hoje vencida pelo mimetismo com que a publicidade reveste todas as coisas. No fundo, vou enumerar as derrotas da filosofia.
– *Mas quando você diz que a filosofia não influencia... Sartre, por exemplo, não influenciou...*
– ...na medida em que ele serviu um partido, na medida em que ele serviu uma ideologia, na medida em que ele obedeceu aos ditames dessa ideologia, a filosofia dele era mais servil do que engajada. Não é a mesma

filosofia que estou exaltando no momento. Estou exaltando sobretudo a independência, a liberdade, a lucidez. Sobre esse ponto, de fato, e Sartre é a prova disso, a filosofia foi vencida. Acredito também que a filosofia é o auge da cultura e o coroamento da educação. Ela permite compreender a sabedoria, a ciência etc. Acima de tudo, na minha opinião, ela permite prever. E esta é a minha definição pessoal de filosofia: ela é a antecipação das práticas e das teorias futuras, das civilizações futuras. Quem não antecipa não é um filósofo de verdade. Todas as épocas – pelo menos entre nós – seguiram programas filosóficos. Assim, a Idade Média seguiu o programa de Aristóteles. A modernidade seguiu o programa de Descartes: ser o dono e o detentor da natureza. Mas novamente uma derrota, a quarta: essa antecipação é vencida pelo fato de que hoje só difundimos a informação do presente. O presente a todo custo. Fora a compreensão do passado ou a antecipação do futuro.

– *O tempo dos filósofos estaria chegando ao fim? É isso o que está querendo dizer?*

– Não. Vou comentar uma quinta derrota para em seguida adotar outro discurso. Eu acredito que a cultura hoje é perdedora porque ela é suave – no sentido de *soft*. Ela é vencida pela economia dura – no sentido de *hard*. Acabei de mencionar as cinco derrotas da filosofia. Mas essas cinco derrotas – vou responder agora à pergunta que você me fez – desencadeiam outra questão: nós somos felizes? Você é feliz? Eu sou feliz? A filosofia, chamada no passado de "amor pela sabedoria", me parece hoje mal traduzida. Deveríamos dizer "sabedoria do amor". E a verdadeira vitória da filosofia é a seguinte: como ela é sempre vencida e tem o sentido e a análise da derrota, ela enxerga que o vencedor, quem ganha, é sempre uma imagem, um ídolo social. Uma espécie de alardeador, de arrogante, de paranoico. E que é completamente servil. Na verdade, o vencedor serve as ideologias correntes. Escravo, o vencedor é o verdadeiro derrotado.

– *Sua filosofia é um pouco pérfida, se camuflando sob a derrota...*

– Ela admite e pensa a derrota. Ensina um saber perder. Ora, quem perde se volta outra vez, como derrotado, ao seu ser, à sua finitude, à sua cultura, à sua liberdade, à sua independência, à sua lucidez, à sua autonomia, ao seu amor... De certa maneira, o perdedor redescobre todas as qualidades que eu mencionei para a filosofia. Por isso, ele volta a aprender essa coisa fundamental que talvez tenhamos perdido de vista: o desejo de viver feliz, profundamente feliz, calmo e sereno. Está aí, para mim, a verdadeira definição de filosofia.

– *De fato, na linguagem popular, diante de um fracasso ou de uma derrota, os franceses comentam que precisam manter a serenidade de um filósofo...*

– Os franceses têm uma boa definição de filosofia, melhor do que a dos doutos. A filosofia revela o fundo, a base, o âmago da vida humana.

Crônica de 19 de novembro de 2006

A POESIA

– *Michel, como eu, você acha que a poesia está desaparecendo. Por quê? E mais, precisamos de poesia? Vou até perguntar: para que serve a poesia?*

– A palavra "poesia" foi criada para responder a essa pergunta. Como se diz, em grego, fabricação, criação? Podemos traduzir esse vocábulo em francês por duas palavras. A palavra "práxis", que significa "prática": a fabricação de objetos, objetos técnicos ou de uso cotidiano. Tudo o que é útil no sentido aparente. E "poiesis", que significa também "fabricar". Fabricar não pelo trabalho forçado ou escravo, mas pela obra de livre escolha. Mas o que é fazer uma obra? E sobretudo em poesia, por meio da linguagem? O que fabricamos assim? Gostaria de fazer uma analogia nada poética com o petróleo. O petróleo é uma matéria extremamente rica, poderosa, completa...

– *...escura, oleosa, feia, que cheira mal!...*

– ...mas que contém elementos extraordinários que, se realmente soubéssemos usar, aproveitaríamos para muitas coisas. Mas na maioria das vezes tudo o que fazemos com o petróleo é queimar.

– *Ah, não! Fazemos plástico com ele, uma série de coisas...*

– Bom, que seja. O mesmo vale para a linguagem: a gente só usa para se comunicar, para contar as notícias, para dar um olá ao vizinho. Para a comunicação. E estamos convencidos de que a linguagem é feita apenas para a comunicação. Só que isso está longe de ser verdade. Acredito que a linguagem responde exatamente à questão levantada pela distinção entre práxis-prática e poiesis-obra. O que fabricamos com a linguagem? A resposta é simples: fabricamos a nós mesmos. A linguagem nos dá a consciência que temos de nós mesmos, que temos de nosso próprio corpo. Não poderíamos existir sem a linguagem. Ela nos fabrica. No dia a dia, só podemos existir se contarmos a nós mesmos quem somos e o que fazemos.

A LINGUAGEM FAZ DE NÓS INDIVÍDUOS, SERES HUMANOS. A POESIA FAZ NOSSO CORPO, NOSSA MENTE, NOSSA CONSCIÊNCIA, NOSSA HUMANIDADE, NOSSA NATUREZA.

– *É mais importante do que as trocas?*
– Sim, mais importante do que a comunicação, mais importante do que as trocas, porque é assim que nós nos fabricamos e nos diferenciamos dos animais. A linguagem faz de nós indivíduos, seres humanos. A poesia recorre a essa função da linguagem, essa função de fabricarmos a nós mesmos. Faz nosso corpo, nossa mente, nossa consciência, nossa humanidade, nossa natureza. Devemos tomar a linguagem no estado nascente porque ela nos faz nascer.

– *A poesia faz parte do nosso dia a dia ou está completamente de lado? Será que só procuramos e desenterramos a poesia de vez em quando...?*

– Não. Ela está presente, no meio de nós. Vou apresentar alguns exemplos. Como podemos falar do tempo que se passa?

Assim o poeta põe em música o rastro mágico deixado pela beleza. Ele lhe dá forma.

– *Normalmente...*

– O poeta fala melhor do que nós: "O momento em que falo já está longe de mim". Não é algo extraordinário em precisão e sutileza? Outro exemplo. Nós falamos: "Esta fruta é saborosa". Já o poeta dirá:

"Como dilui em gozo a fruta sua essência
Como deixa a delícia em troca da ausência
Na boca onde a sua forma se extingue."

Como dizer isso melhor? Como exprimir melhor o prazer de saborear? Esses três versos me dão muito mais do que água na boca!

– *Você não vai levar os surrealistas em conta?*

– O amor: "Volátil adorador de mil objetos diferentes".* Uma linda mulher que passa: "Esse encanto

---

* "Volage adorateur de mille objets divers." Um dos versos de *Fedra*, de Racine. (N.T.)

dominante que caminha no seu encalço".* Assim caminha o encanto. Assim o poeta põe em música o rastro mágico deixado pela beleza. Ele lhe dá forma.

– *Então, essa poesia da qual você nos descreve o aspecto absolutamente indispensável para se conseguir descrever bem...*

– ...não, para se criar a si mesmo. Essa é a linguagem tomada à altura da música. Quando a música tem o máximo de sentido possível porque não tem mais nenhum sentido. E já que eu mencionei a música, a poesia é também questão de ritmo.

– *Claro.*

– "Muros, povoamento
E cais e forte
Recolhimento
De morte
Mar de frisa
Onde se divisa
A brisa
Tudo adormece
No prado
Nasce um brado
É o açoite
Da noite
Ela brama
Como a alma
Que uma chama

---

* "Ce charme dominant qui marche à votre suite." Um dos versos de *Átila*, de Corneille. (N.T.)

Sempre inflama.
A voz mais alta
Parece ecoar
De um anão que salta
É um galopar
Ele foge, se lança
Num pé de dança
Na amplidão
Contra o vagalhão."*

Ouvimos o ritmo, a mudança de ritmo, o andamento, o crescendo e, por fim, o surgimento da música, a partir do barulho de fundo.
– *O autor?*
– Corneille, Victor Hugo, Valéry... pouco importa! A poesia dos mestres fala sozinha, de modo rigoroso e o mais próximo possível da música, da sensação do corpo, da consciência, do destino humanos.
– *Michel, você acaba de condenar a prosa...*
– Por quê? Não acabei de dizer tudo isso em prosa?
– *Justamente, uma palavrinha sobre a prosa para finalizar. Não podemos imaginar um mundo em que a poesia fosse empregada como uma língua veicular?*
– Sem dúvida, não. Nesse caso, tomamos a linguagem na acepção da práxis, da prática, da utilidade.

---

* "Mur, ville/ Et port/ Asile/ De mort/ Mer grise/ Où brise /La brise/ Tout dort/ Dans la plaine/ Naît un bruit/ C'est l'haleine/ De la nuit/ Elle brame/ Comme une âme/ Qu'une flamme/ Toujours suit./ La voix plus haute/ Semble en grelot/ D'un nain qui saute/ C'est le galop/ Il fuit, s'élance/ Puis en cadence / Sur un pied danse/ Dessus le flot." Versos de "Les Djinns", de Victor Hugo. (N.T.)

A poesia é indispensável porque se opõe ao que não tem graça, ao que não tem interesse no mundo em que vivemos. Ela torna a prática comum. Ela mostra que, na maioria das vezes, quanto mais nos comunicamos, menos dizemos.
– *A poesia nos eleva...*
– Vou retornar para casa de metrô: agradeço à empresa de transporte público por colocar um pouco de poesia nos vagões, em meio ao horror publicitário.

Crônica de 11 de março de 2007

O primeiro a aparecer

– *Vamos procurar falar sobre o acaso atribuído ao ser humano: o primeiro a aparecer. Todos os dias, sem saber por quê, coincidências trazem sorte ou azar. Michel, você tem uma de suas pílulas para apresentar sobre o tema?*

– A pílula de hoje é a Bíblia. No capítulo 11 do Livro dos Juízes, a Bíblia conta a história da filha de Jefté. Estrategista do povo hebreu, Jefté fez um voto ao Senhor, antes da batalha: "Se, com efeito, entregares os filhos de Amom nas minhas mãos, quem primeiro da porta da minha casa me sair ao encontro [isto é, o primeiro a aparecer], voltando eu vitorioso dos filhos de Amom, esse será do Senhor, e eu o oferecerei em holocausto". Jefté parte para a batalha e impõe grande derrota aos amonitas, seus inimigos, depois retorna triunfantemente para o seio dos seus. Então sua filha corre ao seu encontro, com adufes e dança.

– *Uma pena...*

– Era sua filha única. Ao ver a "primeira a aparecer", Jefté rasga as roupas e berra: "Ah! Filha minha, tu me prostras por completo; tu passaste a ser a causa da minha calamidade, porquanto fiz voto ao Senhor e não tornarei atrás". E a filha responde: "Pai meu, fizeste voto ao Senhor; faze, pois, de mim segundo o teu voto".

– É como o sacrifício de Abraão.
– Jefté sacrifica então sua filha. Exatamente como Agamenon, que, precisando de vento para ir sitiar Troia, sacrifica sua filha Ifigênia. Mas no sacrifício de Ifigênia ocorre algo totalmente inesperado: quando Agamenon, ou o sacerdote, vai sacrificar sua filha – que não é, como no caso da filha de Jefté, a primeira a aparecer –, a deusa Artêmis a substitui por uma corça que estava por lá.
– *Uma corça que, naquela ocasião, é a primeira a aparecer!*
– É exatamente o que acontece no sacrifício de Abraão: quando Abraão vai sacrificar seu filho Isaac, ele encontra o carneiro, travado pelos chifres no mato.

A VIDA É FEITA DE ENCONTROS CASUAIS QUE SÃO ACIDENTES, CATÁSTROFES, INFELICIDADES, CLARO, MAS TAMBÉM FELICIDADES.

– *A mão de Deus...*
– O sacrifício humano se torna o sacrifício animal. E o primeiro a aparecer passa do ser humano para o animal. Em alguns sacrifícios na Antiguidade, um rebanho de gado ficava girando em volta do altar até que, a certa altura, o sacerdote sacrificava o boi que estivesse passando naquele exato momento – o primeiro a aparecer.
– *Isso me faz pensar em "dizimar"...*
– Sim. Só que "dizimar" significava matar um em dez.
– *E um pouco no acaso também...*

– Ele tinha sido o primeiro a aparecer, de fato. Você tem razão. Nesses bois que giravam em volta do altar, é possível enxergar uma primeira ideia da roda da fortuna.

– *Ou da roda do azar.*

– As artes do acaso saem precisamente dessas oferendas, dessas caixas míticas extraordinárias em que o primeiro a aparecer se torna o sacrificado e o sacrificado é por vezes substituído. A palavra "vítima" demonstra isso ao pé da letra. É formada de uma raiz encontrada em "vice-almirante" ou "vice-presidente": aquele que substitui o almirante... Eis aí a arqueologia dos jogos... A arqueologia da estatística e do acaso... Jefté encontra sua filha, a deusa Artêmis envia a corça, e Deus, o carneiro. Para o "primeiro a aparecer" é, portanto, um milagre ou uma catástrofe. Uma catástrofe, como na estrofe da cantiga francesa: "Era uma vez um naviozinho, a comida começou a faltar, a sorte foi tirada no palitinho, o mais jovem serviu como jantar...".*
É curioso! No primeiro exemplo, foi a filha; no segundo exemplo, outra vez uma filha; no terceiro exemplo, um animal; e agora é o mais jovem. Muitas vezes o mais fraco é o sacrificado. Mas às vezes é o paraíso... como o que Brassens canta sob seu guarda-chuva, depois de ter encontrado...

– ..."*Um cantinho do paraíso por um canto do guarda-chuva...*"**

---

* "Il était un petit navire, les vivres vinrent à manquer, on tira à la courte paille qui serait mangé; le sort tomba sur le plus jeune...", versos de "Il était un petit navire", cantiga popular francesa. (N.T.)
** "Un petit coin de paradis contre un coin de parapluie", um dos versos da música "Le parapluie", de Georges Brassens. (N.T.)

– A tirada na sorte e as estatísticas, a relação entre maioria e o primeiro a aparecer, noções eminentemente científicas, estão presentes nos mitos mais antigos. E eu gostaria de concluir observando que muitas vezes dizemos que faremos ou ofereceremos algo para "o primeiro que aparecer"! Há no primeiro a aparecer uma espécie de jogo duplo entre a catástrofe – a vítima, a execução, a violência etc. – e esse paraíso cantado por Brassens, ou seja, a descoberta da bem-amada, a descoberta de uma sorte singular. E eu tenho que confessar que a vida – a minha vida ou a vida de qualquer um...

– ...*é feita dessas coisas...*

– ...é feita de encontros casuais que são acidentes, catástrofes, infelicidades, claro, mas também felicidades. Talvez as únicas e grandes alegrias da vida venham desses milagres!... Lembra, eu conheci você...

Crônica de 18 de dezembro de 2011

O RISO

— Ah, como é bom quando a gente solta uma gargalhada, sem esforço, diante de algo engraçado! O riso nos acompanha muitas vezes, é algo que procuramos. É um remédio, é um lazer, mas não é tão fácil de ser provocado... O riso é o presente que ganhamos dos comediantes, mas às vezes é também fruto de situações totalmente inesperadas, involuntárias. Você adora rir, Michel. Gosta também de fazer os outros rirem?
— Você se lembra do cavaleiro de Haddock lutando com coragem contra os piratas?
— É claro! O tesouro de Rackham, o Terrível.
— Os piratas tomam e devastam o navio, aprisionando o cavaleiro, que amarram no mastro. A noite chega, os piratas bebem até não poder mais e o cavaleiro aproveita a desatenção dos bêbados para se libertar das amarras, atear fogo ao paiol e destruir ao mesmo tempo o navio e os piratas. Depois chega a uma ilha deserta. Claro, não é isso que é engraçado. O engraçado é que, depois de descobrir as memórias de seu antepassado, seu descendente, numa espécie de frenesi, apanha uma navalha, sobe na mesa da sala de jantar – que ele naturalmente vira –, atravessa com a navalha...
— ...o retrato do antepassado...

E SANCHO PANÇA RI DESSE FIDALGO QUE PENSA QUE É UM GRANDE CAVALEIRO, QUE ACREDITA ATACAR, FAZER GUERRA E QUE, NO FIM DAS CONTAS, NÃO FAZ NADA...

– Para começo de conversa, as almofadas, que ele rasga ao meio: as penas se espalham pela sala de jantar, depois Haddock atravessa com a navalha o retrato e termina no lustre. O que é muito engraçado é o mimetismo entre o verdadeiro e o falso destemido. O talento de Hergé me parece retomar aqui com muita genialidade o que já tínhamos visto nas aventuras de nosso valente Dom Quixote. Como sabemos, Dom Quixote usava um elmo de papelão, uma velha armadura caindo aos pedaços, montava um Rocinante e atacava...

– ...*moinhos de vento. Com Sancho Pança.*

– E Sancho Pança ri desse fidalgo que pensa que é um grande cavaleiro, que acredita atacar, fazer guerra e que, no fim das contas, não faz nada... Você também deve se lembrar do capitão Haddock no deserto...

– *Tintim no País do Ouro Negro.*

– Com uma garrafa na mão, completamente bêbado, ele põe para correr os exércitos que o atacam. Podemos perceber que atrás dele havia uma divisão blindada... Rimos quando comparamos o Cid e Matamouro. O Cid é um durão, e Matamouro, um frouxo. Acho que a diferença reside aí. Fanfan la Tulipe, Robin Hood, Capitão Fracasso, entre outros. Durões da ficção que imitam os verdadeiros durões na vida real...

E neste ponto vamos ficar sérios: em seu famoso livro chamado *O riso*, Bergson define o riso como a mecânica aplicada no ser vivo. Fiquei muito surpreso com essa definição. Eu, que estudei biologia, sei que só compreendemos o ser vivo com a ajuda de exemplos mecânicos: o coração é uma bomba, os pulmões são um fole, a uretra é um canal...

EM SUA MAIORIA, CAÇADORES QUE CONTAM SUAS FAÇANHAS COMPRARAM SEUS COELHOS NO MERCADO ANTES DE VOLTAR PARA CASA.

– ...*o cérebro é um computador*...
– Exato. Então, se Bergson tivesse razão, todos os auditórios de medicina, todos os laboratórios de biologia deveriam rir à solta... Bergson deve ter se enganado em algum momento... Mas eu vou tentar "colocar panos quentes": se a mecânica representa o que é duro, se o ser vivo representa o que é mole, então eu tenho um capitão Haddock, um Dom Quixote, um Matamouro, um frouxo que banca de maneira quase mecânica o durão! Na verdade, tudo o que esses personagens fazem é imitar. E dessa imitação brota o cômico. Existem centenas de exemplos. O capitão Haddock imitava a guerra. Mas vamos pegar o exemplo da caça: personagens que narram a caça...
– *Tartarin*...
– O que conta Tartarin de Tarascon? Que foi caçar leões na cordilheira do Atlas. Quando ele retornou para

Tarascon, provavelmente comprou algumas peles num mercador para convencer os outros que tinha matado leões... É um frouxo, também. Eu acho que, em sua maioria, caçadores que contam suas façanhas compraram seus coelhos no mercado antes de voltar para casa. Depois da guerra, depois da caça, vamos para o amor. Do que se vangloria Cyrano de Bergerac? De seu nariz.
– *É um pico! É um rochedo! É um cabo!... Uma península!*
– Hipoelefantocamelo, que "tem tanta carne quanto osso". Será mesmo do nariz? Você deve ter reconhecido a ostentação masculina típica. Ele está falando de seu pênis. Um pênis bem mole porque, quando escreve cartas para Roxane, Cyrano se esconde no anonimato e não se atreve a declarar seus sentimentos. É um fiasco. E fiasco em italiano significa "flácido"...
– *Mole!*
– Acredito que essa relação entre o duro e o mole é encontrada na publicidade. A publicidade é o trabalho do comunicador. Seja qual for o valor do produto, o comunicador vai dizer que é o melhor do mundo. Mesmo os restaurantes que servem porcarias dizem: "Aqui focamos no sabor". Porém, é exatamente o contrário! A gente deveria se contorcer de rir cada vez que passa por um anúncio publicitário. Toda essa gente da comunicação... um bando de frouxos bancando os durões!

Crônica de 16 de outubro de 2011

A saúde

– *"Quem trabalha saúde tem, quem não faz nada a mantém"*, cantava Henri Salvador. "Saúde cuidada, vida conservada", diz o provérbio, e é verdade. Apesar disso, quanto mais envelhecemos, mais a saúde se torna um fardo e uma preocupação. A saúde é também a solidariedade, a pesquisa – inegavelmente uma reflexão sobre o futuro da humanidade...*

– Para falar sobre o tema, gostaria de começar pelos cinco sentidos: audição, visão, olfato, paladar e tato. Privilegiamos normalmente dois: visão e audição. A prova é que, se alguém está privado da visão ou da audição, é chamado de "surdo" ou de "cego", palavras bem conhecidas, ao passo que se alguém está privado de um dos outros três é chamado de "anósmico" ou "ageuso", palavras praticamente desconhecidas. Uma privação é considerada grave; a outra, muito menos. Mas esquecemos de falar de um sexto sentido... Porque existe um, que é o sentido íntimo, o sentido interior. Os especialistas chamam isso de "propriocepção" ou de "cenestesia": são palavras eruditas que pretendem apenas descrever a sensação que experimentamos com nosso próprio

---

* "Le travail, c'est la santé, rien faire, c'est la conserver", versos da música "Le travail c'est la santé", de Henri Salvador. (N.T.)

corpo. E é a partir dessa cenestesia, dessa sensação interior, que eu gostaria de definir a saúde. Nosso corpo é composto de milhares, centenas de milhares de bilhões de células. E cada célula contém milhares de moléculas, que se dedicam a milhares e milhares de reações químicas ou bioquímicas...

E NUM FAMOSO LIVRO, EXATAMENTE SOBRE A DOR, ELE DEFINIU A SAÚDE COMO "O SILÊNCIO DOS ÓRGÃOS".

– *Sem descanso!*
– Se por acaso soubéssemos construir uma organização parecida, ela faria um barulho ensurdecedor.
– *Como uma grande máquina!*
– Na verdade, ela deve fazer um barulho de fundo dessa natureza. Só que a gente não ouve... Por quê? Mistério...
– *Nosso sistema é discreto.*
– Bem, eu vou tentar falar sobre esse barulho que não ouvimos, ou que só ouvimos às vezes. E a partir disso eu vou dar uma grande notícia, uma notícia surpreendente. Talvez não haja, na História, notícia mais surpreendente!
– *Você está me deixando curioso!*
– Lá vai: pouco antes da Segunda Guerra Mundial, um grande especialista em cirurgia, René Leriche, fez estudos pioneiros na questão da dor. E num famoso

livro, exatamente sobre a dor, ele definiu a saúde como "o silêncio dos órgãos", quer dizer, justamente...

– *A ausência de dor.*

– O que retoma a pergunta que fiz há pouco: como é que nós não conseguimos ouvir esse grande barulho bioquímico? Por isso, todos os filósofos, todos os historiadores da medicina, inclusive o célebre Georges Canguilhem, meditaram sobre esta definição: a saúde é o silêncio dos órgãos. De fato, para Leriche, quando os órgãos são ouvidos – quando não estão mais em silêncio –, então eles gritam de dor e nós sofremos. Doença, mal-estar, o que eu chamaria espontaneamente de desconforto, se caracterizam pela audição dos órgãos.

– *Escutamos então nossos órgãos?*

– Quando está normal, a saúde se guarda em silêncio. Já a patologia e o mal-estar gritam. Por isso, a variação entre o normal e a patologia pode ser definida pela diferença entre o silêncio e o sinal, o conforto e o desconforto. Logo, qualquer sinal emitido por nossos órgãos seria de ordem patológica.

– *É a invenção do estetoscópio...*

– Nosso corpo falaria apenas de seus males. O curioso é que, exatamente como ocorre nos meios de comunicação, o corpo só daria más notícias!

– *A partir do momento em que fôssemos capazes de escutar o corpo, estaríamos doentes.*

– Pois é. Essa é justamente a notícia que gostaria de anunciar aos ouvintes e que nunca cstá na capa dos jornais: nas últimas décadas, ouvimos e lemos por todos os lados recomendações como "Mantenha a forma!", "Busque o seu bem-estar", "Assuma as rédeas de sua saúde"… Essas ladainhas provavelmente provocam sorrisos, mas ilustram um fato de extrema importância: existem atualmente duas saúdes. A saúde normal, básica, que pode ser definida pelo silêncio dos órgãos – o formato corriqueiro, o sinal de normalidade –, e uma segunda saúde, que poderia ser definida por um novo conjunto de sinais que seriam provenientes do bem-estar, que cantariam o bem-estar. Quando o nosso corpo fala, fala mal: estamos doentes…

– *Mas, se eu me exercitar, se praticar esportes, se tiver uma alimentação saudável, meu corpo não vai falar, e sim cantar!*

– Exato. Meu corpo faria soar uma música de conforto, de deleite, de alegria, de satisfação, de harmonia com o mundo e com os outros.

Crônica de 8 de dezembro de 2014

TÁTIL

— O mundo tátil está nos invadindo. Nas telas de telefone e de computador, no iPhone e nos botões de elevador, nas teclas em braille para os cegos... o tocar, o pressionar, o contato substituem movimentos milenares e mecânicos, como se todos nós virássemos pianistas. Michel, você é tátil?

— O toque é antes de tudo a supressão da distância. E, quando você fala "tátil", se refere ao acesso à informação, e até ao conhecimento, exclusivamente pelo tato. Já falamos sobre isso em pelo menos duas oportunidades: a respeito do zapping, está lembrado...?

— *Com o controle remoto.*

— ...e a respeito do braille. Gostaria agora de comparar o tato com os outros cinco sentidos. Porque existem seis, como você sabe. Utilizamos a palavra "cego" para nos referir a quem vê mal ou não vê. Utilizamos a palavra "surdo" para nos referir a quem ouve mal ou não ouve. Mas quem conhece as palavras que utilizamos para nos referir a quem não tem paladar ou olfato? São palavras quase desconhecidas: anósmico é quem não sente cheiro e ageuso é quem não sente sabor.

— *Então nesse caso...*

– Esse desconhecimento não é sinal de que, provavelmente, desprezamos um pouco tanto o olfato quanto o paladar? Valorizamos mais a audição e a visão.

O TATO PERCORRE O CORPO INTEIRO, A TOTALIDADE DA PELE. DEVERIA SER ENTÃO MUITO MAIS IMPORTANTE DO QUE OS OUTROS SENTIDOS!

– *É verdade que temos a impressão de que é mais importante ver e ouvir.*

– Existiria uma hierarquia dos sentidos. Em contrapartida, como se referir a quem não tem tato? É dificílimo. "Intato" é quem não é tocado, e não quem não toca. Talvez disséssemos "inapto"... Além disso, observamos que os outros sentidos estão ligados a um ou dois órgãos localizados em pontos específicos do corpo, como orelhas, nariz, língua, olhos. Já o tato percorre o corpo inteiro. Abrange a totalidade da pele. O tato deveria ser então muito mais importante do que os outros sentidos! Aliás, quando escrevi *Os cinco sentidos*, fiz do tato o mais importante dos sentidos e comecei por "O tocar".

– *Você prefere dizer o "tato" ou o "tocar"?*

– Dizemos as duas formas, claro, mas "tato" tem os dois sentidos, ao mesmo tempo físico e moral. "Falta de tato" significa falta de sensibilidade ou de prudência.

– *Tocar mal, de alguma forma.*

– Exato. Como estamos falando de "tato", gostaria de salientar que, para o tato, existem palavras quase desconhecidas, palavras raras. Você conhece, por exemplo, uma ciência chamada "tribologia"? É uma ciência tanto do campo físico quanto do campo médico, que estuda os efeitos do atrito e da fricção: uma ciência do tato, uma ciência do toque. Pois bem, essa ciência descobriu que dois corpos que estão em contato desenvolvem entre si, quando se friccionam, uma terceira pequena camada, como se produzissem ou criassem, no momento do atrito, uma espécie de terceiro corpo.

NOS PAÍSES LATINOS OU NAS REGIÕES AO SUL DA FRANÇA, AS PESSOAS SENTEM LIBERDADE PARA APOIAR A MÃO NO OMBRO, PASSAR A MÃO NA CINTURA, SE ABRAÇAR.

– *Uma energia.*
– Outra palavra que também tem origem latina ou grega, no campo do tato, é "haptonomia": uma técnica muito conhecida hoje em dia, praticada por mulheres grávidas ou que acabaram de dar à luz, e que possibilita, por toques bem ordenados e precisos, preparar a chegada, a recepção do bebê.
– *Estamos nos aproximando da massagem.*
– Quase da carícia. Essas palavras que mencionei, bem raras, mostram como o tocar é desprezado. Gostaria de falar sobre esse desprezo ao toque. Por quê? Porque sou do Sul da França. Pois então, existem culturas

em que as pessoas se tocam e culturas em que as pessoas não se tocam. Nos países latinos ou nas regiões ao Sul da França, as pessoas sentem liberdade para apoiar a mão no ombro, passar a mão na cintura, se abraçar. Já nas regiões ao Norte da França ou nos países anglo-saxões, essas condutas são muitas vezes vistas como desprezíveis, agressivas...

– *Indelicadas.*

– ...quase como estupros. Para você ver como a distância é importante. Você sabe que "horrível" significa "os pelos que se arrepiam quando alguém se aproxima de mim". O traço de terror define justamente essa distância. Como nasci no Sul da França, tive que aprender a me distanciar, primeiro quando me mudei para Paris, depois quando emigrei para os Estados Unidos. Mas para concluir gostaria ainda de dizer uma palavrinha sobre o tema que você propôs, o acesso à informação e ao conhecimento pelo tato.

– *Através da tela de seu iPhone.*

– Você já reparou que a maioria das pessoas e até a maioria dos filósofos – quer tolos, quer sábios – acreditam que a visão é o modelo de acesso ao conhecimento? Só que isso é um erro: a audição é um acesso tão importante quanto, e o mesmo vale para o olfato. A prova: "ouvir" significa "perceber", e "cheirar"...

– *...significa "distinguir".*

– Aprecio um filósofo que colocou o tato no centro de tudo: um tal de Lucrécio, que disse que a visão nos coloca em contato direto com membranas, que tudo o que vemos emite e dispersa no espaço. E essas membranas – que ele chamou de "simulacros" – flutuam a toda a velocidade pelos ares, no espaço entre nós, como peles móveis. Elas pousam em nossos olhos. Como podemos observar, esse modelo tátil extingue a distância. A visão cria distância. Recuamos quando vemos algo, ao passo que, quando tocamos, temos a impressão – a pressão? – de que a distância foi extinta. E, se Lucrécio está com a razão, vivemos nos acariciando sem parar, e acariciamos o mundo que nos acaricia. E por isso o espaço do tato é o espaço da carícia. Em outras palavras, o fim das distâncias, a felicidade e a paz.

Crônica de 8 de novembro de 2009

A utopia

— *Nestes tempos de crise, as ideologias voltam a ser notícia: liberalismo, coletivismo, individualismo, globalismo estão no centro do debate político. Estamos testemunhando o retorno das utopias. O mundo perfeito, como aquele traçado por Thomas More, no século XVI, o Eldorado defendido posteriormente por Voltaire. O mundo das maravilhas só existe à custa de organizações muito intervencionistas, e é possível que isso tenha preparado o terreno para o marxismo. Apesar disso, a utopia também nos empurra para a frente, nos obriga a acreditar no impossível, é como um motor, Michel, que devemos saber utilizar, sem pisar demais no acelerador.*

— A utopia é uma palavra, a utopia é um título, a utopia é um lugar. Vamos começar com a palavra. Vamos falar de grego por um momento: "U-Topos" é o que não existe em lugar nenhum, cujo lugar fica em lugar nenhum. Basicamente, é "em parte alguma". O título é justamente o do livro de Thomas More, *Utopia*, publicado em 1516 e que procurava descrever a melhor forma de governo. Em Thomas More, a utopia é uma ilha. Mas Thomas More não diz nada de novo: ele inventa a palavra, é claro, mas muito antes havia a Atlântida, descrita por Platão. Além disso, na mesma época,

Rabelais mencionava as ilhas Tohu e Bohu. De modo geral, utopia é uma ilha. Uma ilha é na verdade...

PODERÍAMOS DIZER QUE, EM TEMPOS DE CRISE, EVOCAMOS PRIMEIRO A REFORMA, DEPOIS A REVOLUÇÃO E POR FIM A UTOPIA.

– *Um universo isolado.*
– Isolado é o mesmo que ilha, cai bem: um modelo reduzido do mundo e da humanidade. Marivaux, Júlio Verne e tantos outros descreveram ilhas. Algumas onde tudo corre bem; outras onde tudo corre mal, como em *E não sobrou nenhum*, de Agatha Christie, em que, numa ilha deserta, em meio à tempestade, as pessoas começam a morrer sucessivamente até a erradicação total da coletividade.
– *Ou Clipperton. Você conhece a história de Clipperton?*
– *A ilha misteriosa* me fascinou muito na juventude. Para mim, era o ideal da fundação, um recomeço total a partir do zero: uma ilha deserta com um grupo de homens novos e onde tudo recomeça do zero, tudo, a História, a fundação, a humanidade, a indústria, o comércio e assim por diante. Por isso, você tem razão ao dizer que, em tempos de crise, afirmamos coisas desse tipo...
– *Reavivamos essas coisas.*
– Poderíamos dizer que, em volta de um ponto, existem três círculos: em tempos de crise, evocamos

primeiro a reforma, depois a revolução e por fim a utopia. A reforma é simplesmente melhorar etapas, detalhes, melhorar em nível local esta ou aquela circunstância, esta ou aquela instituição. Voltar ao passado.
– *Mas sem transformar.*
– A revolução seria mudar tudo e recomeçar quase do zero. Só que a utopia é ainda mais forte do que a revolução: em um lugar não localizável temporal e geograficamente, vamos retomar toda a História a partir do início.
– *Um ideal.*
– A França teve muitos utopistas. Como você sabe, no início do século XIX – fim do século XVIII e começo do XIX, para ser exato – comunidades partiram para refundar nos Estados Unidos, num Estado novo, soberano, utopias descritas por Cabet e certo número de socialistas utópicos franceses. Assim, no Texas, comunidades passaram a cultivar o solo. Houve uma época em que no Texas se falava mais francês do que inglês, e ainda há famílias em que a lembrança dessas comunidades permanece viva. Por que essas comunidades fracassaram? Por uma razão bem simples: as pessoas que deixaram a França com a animada esperança de mudar as coisas eram todas mais ou menos intelectuais – como eu, diga-se de passagem –, e por isso faltava ao grupo agricultores, ferreiros, pessoas que pudessem criar cavalos, entre outros trabalhadores manuais. Por isso, a comunidade não durou muito. Por isso, essas utopias permaneceram no estágio de utopias. Ao lado das utopias, existe também o que chamamos

de ucronias: o que teria acontecido na História se Joana d'Arc, por exemplo, não tivesse expulsado os ingleses da França? O que teria acontecido se Napoleão não tivesse existido, se nós, franceses, não tivéssemos vendido a Nova França, se Montcalm tivesse derrotado os ingleses na Batalha das Planícies de Abraão, no Quebec? Refazemos a História, reconsideramos os erros de alguns governantes, de alguns povos, para reconstruir a História.

A ILHA NÃO ESTÁ MAIS LOCALIZADA NA TERRA, A ILHA É A PRÓPRIA TERRA. HOJE, A TERRA É O NOSSO NAVIO.

– *Isso me parece uma forma educada de revisionismo...*

– De vez em quando eu penso que a História, tal como às vezes é reconstituída pelos historiadores, não passa de uma mera ucronia. Seja como for, gostaria de concluir dizendo que eu sou o autor de uma utopia. Ao definir em um livro a "guerra mundial" como a guerra dos homens contra o mundo, eu me perguntei se, ao tomarem consciência dessa guerra total, os homens parariam as guerras comuns que opõem uns aos outros, para consertar a fissura no casco que arruinou seu navio-planeta.

– *Para consertar...*

– Logo, a ilha não está mais localizada na Terra, a ilha é a própria Terra. Hoje, a Terra é o nosso navio.

Se descobrirmos uma fissura na proa do navio, os marinheiros de bombordo continuarão se engalfinhando com os marinheiros de estibordo ou vão unir forças para estancar o vazamento? Essa é a utopia da guerra mundial. Ela nos levaria à paz perpétua.

Crônica de 12 de abril de 2009

O VINHO

— *"In vino veritas"*, escreveu Plínio, o Velho, retomando autores gregos. Rabelais disse: *"O vinho clareia o espírito e o discernimento, acalma a ira, afasta a tristeza e fornece alegria e prazer"*. Já Coluche afirmou que o vinho *"deveria ser obrigatório"*. O vinho seria consumido há mais de sete mil anos. Suas virtudes são incontáveis. É um item obrigatório da gastronomia. A enologia é uma ciência reconhecida. É também um belo mercado, que enche de orgulho os franceses, graças aos seus maravilhosos terroirs. Desconfio que você seja um amante do vinho, Michel. Branco, tinto ou rosé, grands crus ou vins de pays, jovens ou velhos, um sauternes do Château d'Yquem, um saint-émilion do Château Cheval Blanc, um cahors... todos com vínculos regionais. Michel, hoje, nós vamos brindar.

— Ao fim do dilúvio contado pela Bíblia, Noé, o sobrevivente, tem a ideia de plantar a vinha e produz o vinho. Essa é a primeira técnica, junto com a do pão e a do queijo. Por sua vez, os textos védicos sobre o dilúvio contam que o sobrevivente teve a ideia de fabricar cerveja. Esse dilúvio foi provavelmente mais um envenenamento das fontes de água do que uma inundação, e só sobreviveram a essa calamidade os povos que souberam inovar e inventar bebidas fermentadas ou alcoólicas. Por isso, viva o vinho que salvou a humanidade! A questão do vinho leva, por outro lado, à questão do sabor. O que é o sabor? Por que o vinho tem sabor? Porque é um alimento cozido. Porque o mosto cozinha na cuba por uma ebulição causada por um fermento.

Gengivas, palato, base e ponta da língua... Com um grande vinho, a gente descobre uma boca completamente nova.

– *Pela maceração.*
– Seu sabor se origina desse fato extraordinariamente complexo. Dizemos, por exemplo, que um Yquem tem longa persistência, que propaga dezenas de aromas. Mas qual é o sabor na boca? Um grande vinho não é apreciado apenas com a boca, um grande vinho apresenta um mapa geográfico extraordinário. Gengivas, palato, laterais, base e ponta da língua... Com um grande vinho, a gente descobre uma boca completamente nova. Apesar disso, a boca só distingue quatro ou oito sabores, ao passo que...
– *...o nariz...*
– ...o nariz é hipercomplexo. Um verdadeiro apreciador de vinho tem uma boca mediana mas um suntuoso nariz gigante.
– *Ainda falta a cor.*
– Por isso que devemos formar, aprender e educar o paladar. Conheci um especialista tão infalível

no reconhecimento dos crus e do ano das garrafas que seus amigos decidiram pregar uma peça nele. Então plantaram uma vinha não sei onde e, quando chegou a hora, vinificaram e apresentaram um cálice da colheita. E, para a surpresa geral, depois de uma longa meditação, esse oráculo declarou: "Lamento, senhores, mas este vinho não existe".

– *Formidável!*
– Nada é mais tolo do que a ideia de que gostos e cores não se discutem. Mas existem unanimidades. Quero dizer com isso que todos temos à primeira vista uma preferência: é claro que você pode escolher e gostar mais de um *bourgogne* do que de um *bordeaux*, ou de um Coulée de Serrant do que de um vinho amarelo do Jura. Mas na medida em que falamos de bons vinhos é indiscutível: o gosto decreta infalivelmente que um vinho ordinário permanece inferior a todos os *crus classés*. Como se tornar um especialista de gosto?

– *Enólogo?*
– Não necessariamente, um mero mortal...
– *...de bom gosto.*
– ...um mero mortal. Em primeiro lugar, é preciso conhecer a geografia, os locais do vinho, o Loire e o Ródano, a Champagne, a Borgonha, Bordeaux, o Languedoc, a Alsácia, o Jura, mas também ...

– *...o vale do Loire.*
– ...Alemanha, Suíça, Espanha, Portugal, Itália, África. Até mesmo a China. Califórnia também, é claro. E em seguida aprofundar. Se você se aprofundar nos vinhos de Bordeaux, então conhecerá sauternes, graves,

médoc, saint-émilion, entre-deux-mers, pomerol, entre outros. Deve então se aprofundar mais: em médoc você encontra o margaux, o saint-julien, o pauillac. Deve então se aprofundar ainda mais: por vinícola. Você descobrirá assim que cada vinho é único. Mas isso apenas quanto ao espaço, é preciso também conhecer o tempo: é preciso entender que 1945, 1947, 1982 foram, em algumas regiões da França, anos inesquecíveis e sublimes, e outros não foram tão bons, e que isso depende da chuva, da geada, do sol, do clima e de muitos outros detalhes. Esse trabalho de longo prazo de espaço, de tempo, de gosto, de descoberta da própria boca explica por que há um número tão pequeno de especialistas: 1%. Um por cento também vale para a geografia, para o rúgbi, para a matemática: é sempre 1%. Alguém dirá que é elitista, que essa aristocracia custa caro. É verdade: nem todo mundo pode pagar um petrus ou um condrieu.

– *Infelizmente!*
– Mas não se engane: é melhor beber uma garrafa de trinta euros do que quinze garrafas de dois euros. Essa expertise vai salvar você do alcoolismo! O melhor remédio contra o alcoolismo é procurar o sabor, a estética, e não a embriaguez diária: o hábito faz o alcoólatra. O vinho e o álcool estão entre os piores vícios. Por isso: beba bem, aprecie com excelência, experimente o que há de melhor, em boa companhia, mas durante o resto do tempo... beba água.

Crônica de 18 de novembro de 2012

A voz

– Lao Zi disse: "Vós deveis encontrar o caminho", mas não é de "vós" que vamos falar, e sim da "voz", a que eu uso neste exato momento para falar com você, a voz que os jornalistas, radialistas, oradores, cidadãos usam o tempo todo, com suas entonações, suas particularidades, sua gravidade ou sua leveza. A voz revela tudo, Michel: a arte, a vida, o amor...

– Tem razão. Falamos com a voz, mas nunca falamos da voz... Para começar, já que você mencionou nosso ofício, talvez se lembre do anúncio publicitário "A voz do dono".

– Claro!

– É uma peça bem conhecida, que deve ser analisada com muita serenidade. Percebemos que o emissor, que não podemos ver, é o dono, e que quem ouve infelizmente é tratado... como um cão.

– A ideia era falar da alta fidelidade...

– Da domesticação, de preferência, e da obediência, sobretudo. Se é isso o que define os meios de comunicação, que tristeza, embora muitas vezes seja verdade. Eu gostaria de tratar agora da distinção que costumamos fazer entre os anúncios que veiculam imagem e os anúncios que veiculam som. Não falamos muito sobre como a imagem é pobre e sobre como a voz é mais rica do que imaginamos.

– *Fico feliz em ouvir você dizer isso.*

– Na escala de incapacidade, o surdo-mudo é muito mais deficiente do que o cego: não temos registro de um surdo-mudo que tenha composto obras como as de Homero ou de Milton, ambos cegos. A voz é preciosa. Vou escolher cinco características para ilustrá-la. Para começar, a voz de cada pessoa. A voz é o suporte acústico antes da fala, antes do sentido. Ela é singular: reconhecemos as pessoas pela voz. Ao ouvir alguém no telefone, podemos perceber se a pessoa está doente, se gosta ou não de você e por aí vai.

Quando você ouve a voz de alguém com paixão, está ouvindo a reprodução humana da voz do mundo.

– *A voz deixa uma marca.*

– Sim, a voz raramente trai. Podemos mentir em nível da fala, mas raramente em nível da voz. A voz do artista, agora. A voz de um soprano coloratura ou de um mezzo – por exemplo, a voz comovente de Béatrice Uria-Monzon, em *Carmen* –, a voz profunda de um baixo que podemos ouvir nos ritos bizantinos...

– *...os tenores...*

– Essa voz de artista fascina: não tem um dia, uma hora, em que não ouvimos no rádio aquele cantor ou aquela cantora que encanta as multidões. Já da voz da

eloquência raramente falamos, seja a eloquência política, a eloquência do direito, a eloquência acadêmica...
– *Ela já esteve na moda...*
– Ela continua na moda. Nas eleições dos Estados Unidos, a vitória muitas vezes ficou com os mais eloquentes. Até mesmo no caso de Reagan, que não era um gênio... Agora, Obama e Clinton são oradores natos, eloquentes de verdade, ao passo que o pobre Bush...
– *Apesar disso, ele conseguiu se eleger duas vezes.*
– Tem razão.
– *Estou falando do Bush Filho.*
– Em geral, a eloquência vale muito mais do que imaginamos, mas hoje essa arte está um pouco esquecida. Conhecemos os cantores, mas não conhecemos os eloquentes. Há também uma voz coletiva. A voz dos ingleses – é claro que com as diferenças observáveis entre um australiano, um norte-americano e um escocês.
– *A voz dos alemães, a voz dos espanhóis, a voz dos italianos, a voz dos franceses...*
– Agora gostaria de falar sobre os seres vivos que dividem conosco o dom da voz. Os uivos dos lobos, os pios dos pássaros, os relinchos dos cavalos... você sabe como a língua é rica para qualificar essa voz: "barrir", "mugir", "balir", "grasnar", "latir", "arrulhar", "estridular"... e normalmente não sabemos que a gralha também "crocita"! Essa é a voz dos seres vivos que dividem conosco esse dom, nossos irmãos...
– *...animais...*
– ...nossos irmãos seres vivos, incluindo a flora. Para concluir, eu gostaria de evocar as vozes de coisas: o

lamento do iceberg se partindo, o estrondo da tempestade, o murmúrio do mar, o barulho da maré, o sopro do vento e das tormentas... a voz do mundo. E agora vou dizer uma coisa para vocês: uma pessoa eloquente de verdade é uma pessoa pela qual passam todas essas vozes. A verdadeira eloquência humana deveria ser uma síntese harmônica de todas as vozes: a voz do mundo e a voz das coisas. Quando você ouve a voz de alguém com paixão, está ouvindo a reprodução humana da voz do mundo. Por trás do que essa pessoa diz, é possível escutar o barulho de fundo dos seres vivos e das coisas.

Crônica de 12 de setembro de 2010

Sobre os autores

Professor na Universidade de Stanford, membro da Academia Francesa, **Michel Serres** é autor de inúmeros ensaios filosóficos e de história das ciências. Tratando de filosofia com leveza e poesia, vendeu centenas de milhares de livros, frequentando assiduamente a lista de best-sellers. Seus livros *Petite Poucette* (*Polegarzinha*) e *Le Gaucher boîteux* venderam mais de 300 mil exemplares. É um dos raros filósofos contemporâneos a oferecer uma visão de mundo que combina ciências e cultura.

Michel Polacco dirigiu a France Info de 2002 a 2007 e é diretor de conteúdo da Radio France.

Gráfica
IMPRENSA da FÉ